CB048450

8ª edição - Julho de 2023

Coordenação editorial
Ronaldo A. Sperdutti

Projeto gráfico e editoração
Juliana Mollinari

Capa
Juliana Mollinari

Imagens da capa
Shutterstock

Assistente editorial
Ana Maria Rael Gambarini

Revisão
Alessandra Miranda de Sá
Ana Maria Rael Gambarini

Impressão
Gráfica Bartira

Direitos autorais reservados. É proibida a reprodução total ou parcial, de qualquer forma ou por qualquer meio, salvo com autorização da Editora. (Lei nº 9.610, de 19 de fevereiro de 1998)

Traduções somente com autorização por escrito da Editora.

© 2023 by Boa Nova Editora.

Av. Porto Ferreira, 1031 | Parque Iracema
CEP 15809-020 | Catanduva-SP
17 3531.4444

www.**petit**.com.br | petit@petit.com.br
www.**boanova**.net | boanova@boanova.net

Dados Internacionais de Catalogação na Publicação (CIP)
(Câmara Brasileira do Livro, SP, Brasil)

Jussara (Espírito)
Cabocla / romance do espírito Jussara ; [psicografado por] Vera Lúcia Marinzeck de Carvalho. -- 8. ed. -- Catanduva, SP : Petit Editora, 2023.

ISBN 978-65-5806-046-8

1. Romance espírita I. Carvalho, Vera Lúcia Marinzeck de. II. Título.

23-158163 CDD-133.9

Índices para catálogo sistemático:

1. Romance espírita 133.9

Aline Graziele Benitez - Bibliotecária - CRB-1/3129

Impresso no Brasil – Printed in Brazil
8-07-23-3.000-56.620

Prezado(a) leitor(a),

Caso encontre neste livro alguma parte que acredita que vai interessar ou mesmo ajudar outras pessoas e decida distribuí-la por meio da internet ou outro meio, nunca deixe de mencionar a fonte, pois assim estará preservando os direitos do autor e, consequentemente, contribuindo para uma ótima divulgação do livro.

VERA LÚCIA MARINZECK DE CARVALHO

Romance do espírito JUSSARA

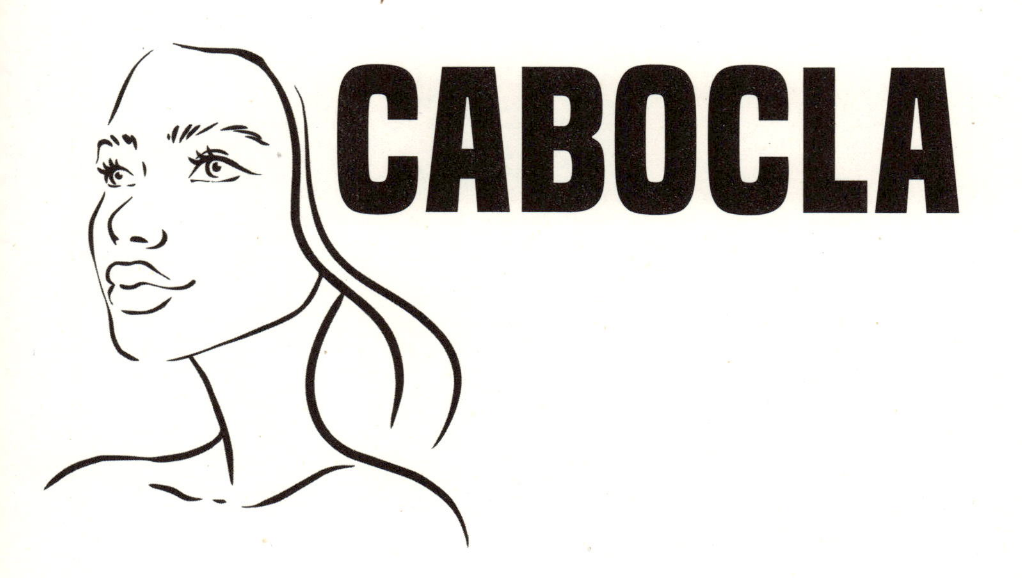

CABOCLA

Dedico

Este trabalho, com todo o meu amor, ao Gustavo, meu filho querido.

Vera

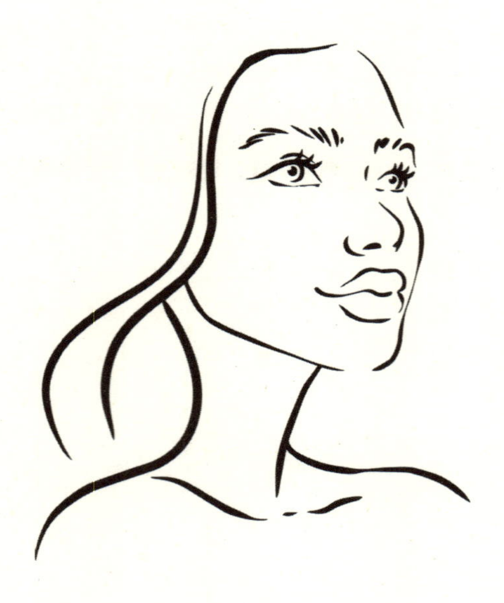

Narro a história de minha vida com os conhecimentos espirituais que hoje possuo. Uso termos que Allan Kardec utilizou ao codificar a Doutrina Espírita, na qual encontramos explicações para fenômenos até então considerados sobrenaturais e que nos envolveram — na condição de escravos — e a outros encarnados desde longínqua data. Se usasse o palavreado da época, característico dos escravos, iria dificultar a leitura. Continuo simples, a simplicidade requer aprendizado, e eu tento aprender no decorrer do tempo.

Dedico esta obra às pessoas singelas que dão valor à oportunidade da reencarnação.

Jussara

SUMÁRIO

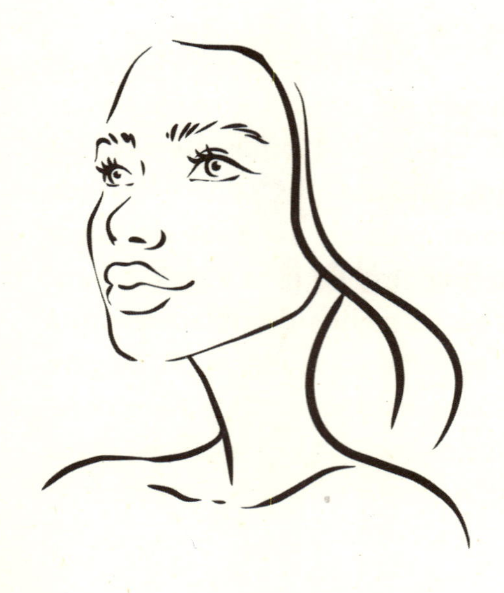

A FUGA

— Preciso conseguir! Ir em frente! Meu Deus, me dê forças!

Às vezes resmungava, tentando me encorajar a continuar. Estava cansada, com dores, fome e sede. Minhas pernas continuavam a trocar passos impulsionadas por minha vontade forte, vontade dirigida pelo amor, pela necessidade de salvar aqueles que mais amava: meu filho, minha filha e meu genro.

Estava com vários ferimentos, os galhos me dilaceravam a carne. Alguns arranhões eram profundos e sangravam. Doíam, mas não importava, não deveriam incomodar. Tinha um objetivo, que era me afastar o mais possível. Às vezes olhava meus ferimentos e segurava o choro, estava muito machucada, mas não queria me apiedar de mim. Um arranhão acima do olho direito sangrava muito, obrigando-me a fechá-lo. Tentava secá-lo com uma blusa de minha filha. Levou minutos para parar de sangrar. Quando parou, suspirei aliviada, porém continuava a doer, a arder.

Os galhos fechavam a passagem, não havia nada para abrir caminho e não podia me dar ao luxo de escolher o melhor lugar para passar. Meu tempo era precioso, tinha de continuar a andar e assim fiz.

Tentava abafar meus gemidos, mas de vez em quando saíam dos meus lábios alguns ais. Cada passo era um sacrifício, sentia dores latejantes nas costas e os arranhões continuavam, ardiam, doíam.

Usava as mãos para tentar afastar os galhos, mas eram estas e os braços os mais machucados.

Ao entrar na floresta eu marcava um rumo e o seguia, não queria desviar e continuava a andar... Não é fácil marcar rumo em mata fechada, mas marquei, tinha o instinto forte do povo indígena.

Por vezes sentia que ia morrer, meu corpo queria parar, não aguentava mais, respirava fundo e pedia a proteção de Deus.

— Preciso ir! Preciso ir o mais longe possível! Deus Pai, me ajude!

E continuava, parecia que, ao respirar fundo, uma energia diferente me impulsionava, sentia como se estivesse sendo protegida, como se alguém com muito carinho estivesse me ajudando.

"Deus não desampara ninguém, Ele me ajudará! Mas e se os que me perseguem pedirem a ajuda de Deus para me capturar? A quem Ele ajudará?", pensava aflita. "Deus é meu Pai, mas é

Pai deles também. Talvez faça como uma mãe que com justiça sabe entender uma disputa entre seus filhos e atende aquele que lhe parece mais justo."

E seguia, andava...

— Ai!

Um espinho grande entrou no meu braço esquerdo. Tive de puxá-lo com força, o sangue esguichou. Amarrei as roupas que trazia nos braços, elas estavam em tiras e já não me protegiam.

— Au, au, au...

— Os cães...

Escutava o latido dos cães e nesses momentos tentava andar mais rápido. Ao escutá-los pela primeira vez, senti medo, mas também alívio, meu plano dera certo, eles estavam atrás de mim.

— Se me pegarem, será pior, bem pior!

Comecei a pensar em minha vida. As lembranças vieram, e isso até que me fez bem, parecia que os ferimentos doíam menos e a dor nas costas e nas pernas ficou mais amena com meu cérebro cheio de recordações.

Ali estava eu, fugindo. Fugindo? Não era bem isso o que estava fazendo. Que me importava agora fugir do cativeiro? Não temia a escravidão, era livre em espírito, depois de ter vivido trinta e oito anos como escrava não importava ser liberta, tinha poucas ilusões, havia sofrido muito e o entusiasmo juvenil da liberdade havia passado. Sabia, tinha a certeza de que ao ter o corpo morto meu espírito seria libertado, livre igual a um passarinho a voar pelas campinas por cima das copas das árvores das matas.

Mas necessitava fugir, tinha de andar ligeiro e tomar distância da fazenda para que meus entes queridos estivessem a salvo.

Fazia mais de um dia que estava andando. Saí da fazenda no dia anterior, de madrugada. Nas primeiras horas caminhei com mais facilidade, depois com muito esforço, e somente estava conseguindo ainda porque queria muito, tinha de continuar andando. Trouxera comigo uma cabaça de água. Os alimentos que conseguimos guardar meus filhos levaram. Comi algumas frutas que encontrei no caminho, não queria parar ou desviar, não podia, estavam atrás de mim, iriam me pegar com certeza, mas precisava prolongar minha captura. Quanto mais demorassem para me alcançar, maior a chance de meus filhos serem salvos.

— E eles pensam que estão perseguindo os quatro. — Sorri com lágrimas nos olhos. — Os quatro!

Recordei os planos de fuga.

— Cabocla — perguntou Dito —, você não quer vir conosco? Tem certeza de que não quer mesmo?

— Não, Dito — respondi —, estou velha ou me sinto velha, e com o meu problema só iria criar dificuldades e atrasá-los. Vão vocês, estarei orando para que tudo dê certo.

— Sinto deixá-la, mamãe — falou Tomasa, minha filha, que todos chamavam carinhosamente pelo apelido de Tobi. — Tenho receio de que o senhor Lisberto a castigue quando derem por nossa falta.

— Ele não fará isso — respondi. — Já me bateu uma vez e quase me aleijou.

— Odeio ele por isso, pelo que fez à senhora e ao nosso irmão Manu — afirmou Antônio, meu filho Tonho.

— Precisamos ter cautela — alertou Dito —, não é bom que nos vejam conversando, podem desconfiar.

Nesse instante, outra escrava da senzala, Filó, aproximou-se.

— O que vocês tanto conversam? Posso saber?

— Falávamos que, se não chover, as plantações morrerão — respondeu Tobi.

— Ah, que temos com isso? O que nos importa que eles tenham prejuízo? — riu Filó com desprezo.

— Filó — disse Tonho —, fomos nós que plantamos e seremos nós que iremos replantar. Depois, se faltarem alimentos, seremos os primeiros a passar fome.

— É verdade! — Filó aceitou os argumentos, nos observando. — Pensei que estivessem falando do interesse do senhor Lisberto por Tobi.

Tobi nem respondeu. Filó era uma pessoa boa, trabalhadeira, mas falava demais, tínhamos desconfiança de que ela contava tudo o que ocorria entre nós para o capataz. Demos por encerrada a conversa e cada um foi para o seu canto.

A fazenda em que vivíamos era bonita, grande, havia criações e muitas plantações a perder de vista. Mas a seca estava castigando aquele ano.

Os senhores, donos da fazenda, estavam em viagem pela Europa. Nosso sinhô, Narciso, deixou um primo para cuidar de tudo. Mas quem cuidava mesmo eram os empregados, principalmente dois: o senhor João da Tripa, que administrava a fazenda, e o senhor Lisberto, que coordenava o trabalho dos escravos.

Senhor Lisberto, que passou a ser o nosso terror, era casado, tinha filhos, mas estava sempre cobiçando as jovens negras. Era mau, exigente e rancoroso.

Continuei a lembrar. Embora tudo houvesse ocorrido anos atrás, ainda doía, e lágrimas escorreram fartas pelo meu rosto. A imagem de meu filho Manu veio forte, lembrava de cada detalhe do seu rosto, do seu modo meigo e bondoso, do seu jeito amigo.

Manu enamorou-se de uma moça, escrava da fazenda vizinha. Querendo vê-la, pediu várias vezes que o deixassem ir até lá e lhe foi negado. Numa tarde, num impulso apaixonado, saiu sem permissão e foi encontrar-se com ela. Não contou a ninguém. Senhor Lisberto julgou que havia fugido e procurou-o pela fazenda. Encontrou-o quando voltava, trouxe-o amarrado e não quis escutar explicações. Colocou-o no tronco e começou a chicoteá-lo.

Estava lavando roupas quando me contaram. Fui correndo para o pátio onde ficava o tronco. Gritei desesperada pedindo clemência. Como não fui atendida e recebi apenas risadas em resposta, avancei sobre o senhor Lisberto na tentativa de que ele parasse e me escutasse. Ele então deu uma pancada com o cabo do chicote, que era de madeira, nas minhas costas, e caí com forte dor, sem conseguir me mexer.

— Fique quieta, negra! Senão morre junto com seu filho!

Ali fiquei, no chão, a dor me tirava o fôlego. Apavorada, fiquei olhando o terrível e injusto castigo. As chicotadas, o barulho do chicote nas costas dele, os gemidos abafados eram como um delírio, um pesadelo horrível que nunca mais esqueci.

Naquele momento, ali, sozinha na mata, me esforçando para caminhar, as lembranças eram tão fortes, tão ricas em detalhes que me faziam tremer de indignação. Estava soluçando, respirei fundo e parecia ver meu Manu no tronco.

Foram minutos que me pareceram horas. Eu ali, inerte no chão, e meu filho amarrado, sendo castigado. Senhor Lisberto o chicoteou até cansar ou talvez até a raiva passar.

Manu estava desmaiado. Então, os outros escravos, que ali vieram correndo e ficaram vendo horrorizados o castigo, desamarraram-no e o levaram para a senzala; e como eu não conseguia me mexer também fui conduzida para perto dele.

As costas de Manu pareciam uma pasta sangrenta, havia perdido muito sangue. Pedi aos que me carregavam:

— Por Deus, me coloquem perto de meu filho!

Maria e Jacinta, chorando, fizeram o que pedi: fui colocada na esteira, de costas, ao lado dele. Enfaixaram-me e me deram chá de ervas para tirar a dor. Fiquei ao lado de Manu, consegui pegar sua mão.

— Que a dor dele passe para mim, meu Deus. Tenha piedade de nós, que sofremos!

José e outros negros cuidaram de Manu, deram uma bebida para ele.

— Agora somente nos resta esperar — informou um dos homens que cuidou dele —, o que pudemos fazer por Manu foi feito, ele está muito machucado e perdeu muito sangue.

Pela manhã, teve febre alta que não abaixou mais e seus ferimentos infeccionaram.

Não me afastei do seu lado, fiquei ali deitada. Já me mexia, mas não conseguia me levantar. Manu delirava, expressava alto:

— Vou? Sim, quero! Isso é o Céu? Quem é você? Branco me ajudando?

— Manu, meu filho, converse comigo!

Às vezes eu implorava e ele tentava responder a algumas de minhas rogativas. Não conseguia, me olhava e foi somente uma vez que me respondeu sorrindo:

— Não sofra por mim, mamãe, não vale a pena. Vou ser muito feliz!

Foi piorando. Após três dias de muito sofrimento, ele quietou e Jacinta me abraçou.

— Cabocla, Manu parou de sofrer!

Não chorei, até senti um certo alívio, meu Manu seria feliz, tinha certeza. Fiquei olhando-o. Dois amigos da senzala pegaram Manu, aproximaram-no de mim para que eu pudesse beijá-lo e foram enterrá-lo.

Sofri muito aqueles dias, tive muitas dores físicas, mas a dor moral foi bem maior. Sentia-me como que arrebentada por dentro, me revoltei.

— Por quê? — indagava. — Por que tudo isso? Por que ser escravos, ver entes queridos maltratados?

Ninguém respondia. Abaixavam a cabeça e algumas escravas choravam comigo.

Foi após chorar muito que a revolta passou, e a vida continuou. Mas fiquei quase inválida. Minhas costas passaram a doer muito, e com muito esforço consegui me sentar e depois ficar de pé. Usava uma faixa apertada e somente dei alguns passos doze dias depois. Então, com dificuldade voltei a andar.

Meus dois filhos sofreram muito, tinham medo, choravam, tiveram que voltar ao trabalho no outro dia e nos víamos ao anoitecer. Mesmo cansados, apavorados, com medo do senhor Lisberto e do castigo, todos na senzala nos ajudavam à noite. Durante o dia, as negras que estavam para ter filhos e aquelas cujo parto era recente nos ajudavam.

Não voltei ao trabalho porque provaram ao senhor Lisberto que eu estava machucada e minhas colegas de infortúnio prometeram trabalhar por mim.

Logo que consegui andar, voltei a lavar roupas. Minhas companheiras me prestavam auxílio, deixando para mim o serviço leve. Era grata a elas, agradecia sempre.

Aos poucos melhorei, contudo fiquei curvada. As dores iam e vinham; em alguns dias me sentia melhor, em outros pior.

— Ai! — Tropecei e senti uma dor forte nas pernas que me obrigou a parar uns instantes. Passei a mão no lugar dolorido e escutei os cães. — Preciso continuar! Preciso! Por Tobi...

Tobi estava com quase dezesseis anos. Mulata bonita, despertou paixão no senhor Lisberto. Mas minha filha amava Dito e eles escondiam esse amor para que o feitor não descontasse a raiva no pobre rapaz.

— Mamãe — Tobi me contou dias antes —, amo Dito e ele me ama, e estou grávida. Entreguei-me para que o senhor Lisberto não fosse o primeiro, porque quando ele cismar terá meu corpo de qualquer jeito. Mas estou com medo de ele descobrir; ruim como é, matará Dito como matou Manu.

Triste, abaixou a cabeça enquanto falava. Tinha o hábito de passar as mãos nos cabelos lisos, como os meus.

— Se Dito morrer, morro junto! — afirmou minha menina.

"Não", pensei, "não vou aguentar vê-los ser castigados, não vou!"

Tobi tinha razão. Não entendia como o senhor Lisberto ainda não a estuprara. Achei que a sua mulher, ciumenta, talvez o vigiasse ou que ele estivesse aguardando alguma ocasião propícia. Fiquei apreensiva ao saber da gravidez de Tobi. Resolvi ajudar Dito, Tobi e Tonho, meu outro filho, sem que eles soubessem.

Os três planejaram fugir pelo riacho. Não seria fácil, teriam de subir um morro alto, após seguir pela montanha, onde sabíamos existir um quilombo. Ninguém sabia onde ficava exatamente e os brancos tinham medo de ir até lá. Os fazendeiros que perseguiam escravos fujões esperavam ajuda de soldados para invadi-lo, mas o tempo passava, a ajuda não vinha, e muitos negros livres viviam naquele lugar.

Muitos escravos sonhavam em chegar no quilombo, mas os senhores e os feitores redobraram a vigilância, dificultando as fugas e aumentando os castigos. Quando capturavam fujões, estes eram castigados até a morte para servir de exemplo aos demais.

"Eles correm perigo, se ficarem aqui certamente serão castigados, se capturados também, mas se conseguirem fugir estarão livres", concluí.

— Mamãe — Tobi estava apreensiva —, quando o senhor Lisberto souber que estou grávida irá me bater até que eu diga de quem é. Muitos sabem que Dito e eu nos amamos e, quando ele descobrir, com certeza irá matá-lo. Temos de arriscar. Venha conosco! Não quero me separar da senhora.

— Quando amamos, somente nos ausentamos, não nos separamos. Estarei sempre com vocês, unidos pelo amor. Eu fico!

— E se ele bater em você?

— Posso dizer a ele que não sabia. Que fugiram pelo riacho e foram para o quilombo. Não se preocupem, ele não irá me bater. Vão com Deus e que sejam felizes e livres.

Marcaram o dia, seria na madrugada do domingo, em que os negros se levantariam mais tarde. Havia duas folgas por mês, aos domingos, quando se fazia um rodízio, pois havia serviços que não podiam deixar de ser feitos, como tratar dos animais.

Aos sábados os empregados da fazenda costumavam beber à noite, reunindo-se para conversar até altas horas, e a vigilância diminuía.

Arrumei escondida alguns alimentos para que levassem e os fiz tomar banho no sábado e colocar roupas limpas. Como tinha planejado, fiquei sem tomar banho e com a roupa suja. À noite, disfarçadamente, me despedi deles. Não pude abraçar meu filho nem meu genro para não desconfiarem, mas discretamente abracei Tobi.

"É a última vez que a abraço", pensei. "Que Deus os proteja!"

Segurei-me para não chorar, olhei-os como que querendo gravar suas fisionomias dentro de mim.

De madrugada, conforme o planejado, saíram. Eu, que não havia conseguido dormir, vi seus vultos afastando-se da senzala cuidadosamente. Dito saiu primeiro, depois Tonho e Tobi. Era costume alguém acompanhar as mulheres, principalmente as jovens, para ir à latrina, e por isso não desconfiaram ao ver Tonho indo com Tobi. Meu coração bateu apressado, senti a dor da separação, que chegou a ser física; me separava dos meus familiares, daqueles que amava. Mas não chorei, tentei orar, roguei proteção a Deus para eles. Afastaram-se. Fiquei quieta por minutos. Acompanhei em pensamento o trajeto deles.

"Agora passam pelo pátio, pelo curral, devem estar ao lado do pomar, atravessaram a pequena plantação de milho, chegaram ao riacho. Pronto, é agora que devo fazer o que planejei. Que o Senhor dos Céus me ajude!"

Como não escutei barulho, tive a certeza de que eles conseguiram chegar ao riacho. Porque, se tivessem sido descobertos, já teria ouvido a gritaria.

Antes de o primo do nosso sinhô vir tomar conta da fazenda não havia fugas, éramos bem tratados e não havia razão para sair de lá. A senzala sempre teve um portão que nunca foi trancado. Senhor Lisberto até que tentou trancá-lo, mas não fazia diferença, porque, de qualquer forma, era fácil sair de lá. Feita de pau e barro, na senzala havia muitos buracos por onde passaríamos com facilidade. Para torná-la segura seria necessário construir outra e ele não queria dispor de dinheiro para isso, preferia punir e vigiar mais.

Levantei-me com cuidado, mas Filó acordou e me olhou. Dei um sinal de que ia à latrina, ela se acomodou e pareceu dormir novamente.

Cautelosamente saí da senzala. Havia pegado uma peça de roupa suja de cada um dos três e a cabaça com água. Andei com muita prudência. Havia decorado o caminho. Tinha de passar perto da casa-grande, que estava sempre vigiada, dia e noite, para poder chegar ao outro lado, da mata.

— Vou despistar para facilitar a fuga deles. Quero que os empregados pensem que tomamos este caminho, não somente eu mas os quatro! — resmunguei.

Quase que o vigia me viu. Tremi, estava no chão, me arrastei uns cem metros. Achando que não seria vista, me levantei e andei cuidadosamente. Tive dificuldade de passar pelo muro de pedras, no qual fiz meus primeiros ferimentos. Os joelhos sangravam, mas não me importei.

Já estava quase clareando quando entrei na mata.

— Que beleza é o nascer do Sol! Como a energia do astro-rei nos fortalece!

Suspirei aliviada por ter chegado até ali, marquei o rumo e me pus a andar o mais rápido que conseguia. Sempre gostei muito das árvores, de admirá-las, sentir seu frescor, amava as florestas, mas não prestei atenção em nada dessa vez, tentava passar pelos lugares mais fáceis.

Naquele momento, cansada, já não escolhia, apenas andava... Meu desejo era parar, deitar e chorar, mas não podia... As pernas se moviam, ora a esquerda, ora a direita... Trocava passos...

A COBRA

Assim que entrei na mata, peguei um pau que me serviu de bengala, mas ele se quebrou no meio.

— Mais esta! E agora? — murmurei.

Olhei ao redor, mas não vi nada que pudesse substituí-lo.

— Como uma faca está me fazendo falta!

Nós, os escravos, não tínhamos acesso a nada que pudéssemos usar como arma. Ferramentas como foice e enxada eram distribuídas antes do trabalho e recolhidas no fim do dia. E ai de quem não as devolvesse! Na cozinha da senzala, assim chamávamos uma parte à esquerda, na frente, onde eram preparadas nossas refeições, havia um grande fogão e duas facas, e a responsável por elas era uma negra que seria castigada se deixasse alguém pegá-las. Um empregado sempre vinha conferir se elas estavam lá. Nem cogitamos pegá-las, não queríamos a velha e bondosa Isaura no tronco.

Sem minha bengala, passei a andar com mais dificuldade, mancando muito.

Ouvi os cães e tremi de medo, tinha horror dos enormes cachorros da fazenda.

"Acho", pensei, "que consegui enganá-los, estão atrás de mim. Tomara que não tenham percebido que perseguem apenas uma pessoa. Eles devem ter imaginado, quando descobriram a fuga, que, como todos, fomos para o riacho. Os cães me farejaram e vieram pela mata."

Sempre que escutava os cães tentava andar mais rápido. Quanto mais longe me encontrassem, melhor, mais tempo teriam os três para se distanciar e chegar ao destino: o quilombo.

Deixava rastro de propósito, pedaços das roupas que levava, com manchas de sangue dos meus ferimentos.

"Quando me pegarem, serei torturada", pensei tristemente. "Irão descontar a raiva por tê-los enganado, por, em vez de quatro, pegarem somente a mim e por saberem que dificilmente capturarão os outros. Poderei dizer que fiquei para trás, mas não enganarei os cães, que não acharão mais os rastros. Não acreditarão em nada do que eu falar. Não tem importância, irei morrer de qualquer jeito, então não falarei nada, nada!"

Tonho calculou que em cinco dias acharia o quilombo, talvez um ou dois dias a mais.

"Os feitores vão levar mais dois dias para chegar à fazenda, e então, quando forem procurá-los pelo riacho, meus filhos estarão a salvo no quilombo. Terei conseguido ajudá-los; prefiro ser torturada no lugar deles. Tomara que ao me encontrarem deixem os cães me atacar, pois me farão em pedaços em minutos. Será preferível uma morte rápida à tortura."

Sabia que quando queriam torturar era com extrema maldade, extraíam dentes e unhas, queimavam com ferro quente, podiam até furar os olhos.

Gemi e roguei:

— Meu Deus, tenha piedade de mim, porém salve meus filhos e não a mim.

A tarde estava quente, o calor úmido me fazia delirar de sede. Também estava faminta.

"Será que estou andando em círculos?", preocupei-me. "Não faz mal, se estiver, eles estarão também, e não quero ir a nenhum lugar. Até quando aguentarei andar?"

Parei à noite e, quando não enxerguei mais nada, deitei no chão e tirei um cochilo. Estava aflita e com medo, por isso descansei pouco, e logo nos primeiros raios de claridade me levantei e pus-me a andar. Estava ansiosa para parar novamente, mas a noite demoraria a vir. Meus perseguidores pararam também à noite, ninguém se aventuraria a andar pela mata no escuro.

"Se eles não me pegarem esta tarde, isso ocorrerá amanhã", concluí. "Meus filhos..."

Tive, à noite, ali na mata, um sonho: parecia que eu me desligara do corpo para ir até meus filhos. Os três dormiam num vão entre as pedras, estavam cansados mas aliviados, ninguém os perseguia.

— Será que meu sonho é verdadeiro? — balbuciei. — Quero crer que sim.

Não sabia como, mas tinha a certeza de que eles estavam bem.

Tentei ver a posição do Sol entre as árvores e calculei que deviam ser três ou quatro horas da tarde. Foi quando me defrontei com uma pedra grande, num lugar onde não havia muitas árvores. Vi o céu, aquele azul bonito. Não resisti.

— Vou parar um pouquinho! Vou descansar por alguns minutos.

Deitei na pedra e pus-me a olhar o céu. O barulho dos cães me alertava que eles não haviam parado e que a distância diminuía.

Por uns minutos fiquei quieta, esticada sobre a pedra. Resolvi continuar, encolhi as pernas para me levantar quando senti uma dor aguda, uma pontada no tornozelo esquerdo. Olhei assustada e vi uma cobra se afastando, tão assustada quanto eu.

— A cobra me picou! Uma cascavel!

Ela certamente estava perto de mim e assustou-se com meu movimento brusco, deve ter se sentido ameaçada e me picou.

— Meu Deus! — resmunguei. — Com certeza irei morrer. E agora, levanto e continuo a andar ou fico aqui? — Cheguei a sorrir. — Morrer? Vou morrer de qualquer jeito, e se for por causa do veneno da cobra será o melhor que pode me acontecer.

Sentia um cansaço tão grande que só a ideia de me levantar e andar me deu enjoo. Resolvi ficar. Acomodei-me novamente, esticando meu corpo cansado.

Sabia lidar com picadas de cobras, já vira companheiros morrer por terem sido picados. Tentava aliviar as vítimas desse bicho peçonhento, mas raras vezes conseguia salvá-las quando a cobra era mesmo venenosa.

Aprendi com os negros da senzala a fazer remédios e chás e também a colocar ervas no ferimento. E ali, longe de tudo, nada podia fazer por mim, nem água tinha para beber. Ao lembrar-me do líquido delicioso, desejei imensamente saboreá-lo.

— Água! Água! — exclamei. — Que gostoso poder tomá-la. Água é bênção! Que grande bênção! É tão bom saboreá-la!

Ergui a cabeça e olhei o ferimento, lá estava o sinal dos dois dentes da cobra. Fiquei quieta, deitada ali na pedra, não tinha ânimo nem para me mexer.

E as lembranças vieram...

A única pessoa que me chamava de Jussara era minha mãe adotiva, a meiga e bondosa Jacinta.

— Jussara — contava ela —, foi seu pai que deu esse nome a você. Ele era livre, branco, empregado da fazenda. Quando o sinhô Silva comprou este lugar, ele veio junto como empregado. Aqui ele se apaixonou por sua mãe, a índia Japira. Foi um lindo amor, e você nasceu. Quando sua mãe morreu, seu pai perdeu a razão, parecia que ia enlouquecer de dor. Acabou pedindo ao sinhô para fazer um serviço perigoso e morreu assassinado. Acho que morreu feliz para ir se encontrar com sua mãe. Mas, antes de ir para o tal serviço, me pediu que tomasse conta de você. Jussara, você não é escrava! É cabocla, filha de branco e índio.

— Não sou escrava, mas vivo como se fosse! — repetia sempre.

Jacinta tentava me confortar:

— Jussara, o sinhô Silva sabia disso. Quando seu pai morreu, servindo a ele, até me falou: "Negra Jacinta, crie a menina do Limão, ela é livre, mas o que irá fazer com essa liberdade sendo tão pequena? Ela viverá com você, na senzala, e depois veremos".

Quando encarnada, nunca soube o nome do meu pai, apenas seu apelido: Limão. Era chamado assim porque, conforme me contaram, um dia ele confundiu laranja com limão. Foi alvo de risadas e brincadeiras, e ficou o apelido. Ele se chamava João, soube depois.

Eu tinha oito anos quando o sinhô Silva desencarnou e seu filho, sinhô Floriano, como herdeiro, ficou dono de tudo.

Fui criada como escrava e era tratada como se fosse. Estava com doze anos e certo dia, quando trabalhava na colheita de milho, o sinhô Floriano aproximou-se de mim para verificar o trabalho. Aproveitando a oportunidade, mesmo com medo, falei:

— Sinhô, por favor, posso lhe dizer algo?

— Diga, negra! — respondeu ele fitando-me.

— É que não sou negra, sou filha de um branco, ex-empregado da fazenda do seu pai, com uma índia.

— Nota-se pelos cabelos lisos que é filha de índia. O que você quer, Cabocla? — indagou o sinhô.

— Ser livre! — respondi baixinho.

— Livre? Para quê? Aqui você come, tem lugar para dormir. Você pensa que irei sustentá-la vagabundeando? Se não quiser trabalhar, não irá comer. O que fará com sua liberdade? Vamos, diga! — o sinhô se irritou.

— Bem, não sei... — respondi com medo.

— Então fique como está e não me aborreça!

— Não é justo! Vivo como escrava, mas não sou escrava! — desabafei.

— Não me faça perder a paciência. O que sabe você de justiça? Acha injusto eu tratar você como escrava sem ser? Poderíamos ter deixado você morrer de fome e não o fizemos.

— Mas é que não sou negra nem escrava! — repeti.

— Você já disse e eu lhe digo: se é tratada como escrava, é escrava! Chega, menina! Tenho o que fazer. Saia da minha frente! — gritou o sinhô.

Como não saí, um feitor que o acompanhava me deu uma bofetada no rosto e eu caí. Ele ia me dar um pontapé quando o sinhô ordenou:

— Pare! Uma bofetada é o bastante. E você, menina, decida, ou fique aqui como escrava ou vá embora se quiser a liberdade.

Lágrimas caíram pelo meu rosto, e o sangue escorreu do lado esquerdo de minha boca. Limpei a ferida e continuei meu trabalho.

Naquela noite chorei muito nos braços de Jacinta.

— Cabocla — me consolou bondosamente —, não chore, é seu destino ser escrava sem ter nascido uma. Você pode ir embora. Mas como ir? Para onde? Os perigos são muitos para uma menina que logo ficará mocinha. O que fazer fora da fazenda? Aqui você tem a nós, a mim que a amo como mãe, conhece todos e é conhecida. Tem lugar para dormir e alimentos. O que fará caso saia daqui? Irá para a cidade? Eu não conheço a cidade, nem sei como é, aqui ninguém sabe ao certo, somente temos as informações de Onofre, que veio de uma. Diz ele que é um lugar estranho, há muitas casas, uma ao lado da outra, muita gente branca e escravos. Não deve ser bom para uma menina sozinha. É melhor que fique aqui.

— Como escrava sem ser? — questionei.

Maria, uma companheira da senzala, me abraçou e disse carinhosamente:

— Somos o que podemos ser. Se não é escrava e não consegue viver de outro modo, de que adianta ser livre? Não fique triste, Cabocla, aceite o que a vida lhe oferece.

— Você, Maria, sempre foi, é conformada — observou Filó, que estava escutando.

— Tento ser paciente, Filó — respondeu Maria. — De que adianta viver reclamando, querendo ser o que não somos? Aprendo muito nesta senzala, com esta vida.

— Você, Maria, sempre fala esquisito. Aprende! O que pode aprender como escrava? A carpir, lavar roupas, ter filhos? — indagou Filó.

— É verdade, Maria — concluiu Jacinta. — Você fala muitas coisas esquisitas que não entendo. É tão boa e conformada.

— Não falo nada de estranho — replicou Maria. — É que sonho sempre...

— Sonhos esses bem estranhos — comentou Filó.

— Também acho estranhos — repetiu Maria. — Sonho habitualmente que já fui uma sinhá, que passei a vida toda sem fazer nada, nem de bom nem de mau, uma preguiça só. Esqueci de trabalhar, de ser útil, e sofri por isso. Agora, como escrava, trabalho, ajudo os outros, os doentes, benzo, faço chás que são remédios que curam, sinto-me útil e não temo a morte, estou tranquila. Aprendo sim, Filó, mesmo forçada, trabalho muito.

— Se seus sonhos são verdadeiros, você já foi uma sinhá. E agora prefere ser escrava? Quer continuar sendo uma? — perguntou Filó, confusa.

— Não sei explicar direito — respondeu Maria. — Certamente queria ser uma sinhá, ter roupas bonitas, me alimentar bem, ter um quarto somente para mim. Mas sinto que já fui uma e tudo passou, que todo o conforto que tive não me serviu de nada. A morte é para todos e, quando ela vem, modifica tudo. Morre pobre, morre rico. Nosso ex-sinhô não morreu? Meu pai escravo não morreu? Tudo o que nasce morre, mas temos uma alma e vamos com certeza continuar vivendo. E acho que aquele que é preguiçoso e nada fez de útil sente-se vazio, triste e aborrecido, logo, infeliz. Já aquele que foi útil, como sinhô ou escravo, está contente, e esse contentamento vem lá do íntimo, da alma. É o que sinto nos meus sonhos, eu, como sinhá, tinha tudo, mas era infeliz, vazia, e agora que nada tenho estou satisfeita comigo, tranquila, e sei que vou ser feliz.

— Não entendo seus sonhos — comentou Jacinta. — Ou será que entendo? Estou me lembrando agora de Nau, um negro que viveu aqui quando era menina. Ele veio de longe, de um lugar com nome esquisito. O feitor dizia que ele era da África. Nau falava de modo estranho, às vezes não conseguia entendê-lo. Mas ele dizia que sua terra era muito linda, tinha animais grandes e bonitos. Dizia sempre que, no momento da morte, a gente deixa o corpo apodrecer na terra e vai para um lugar por algum tempo, e depois volta e nasce em outro corpo.[1] Por isso, pode-se ser sinhô, morrer e nascer escravo e vice-versa. Riam dele, eu o achava engraçado, mas nunca me esqueci de suas palavras. Talvez esse negro estivesse com a razão, e seus sonhos, Maria, não sejam tão estranhos. Se Deus é bom e misericordioso, por que nos fez escravos? Será que Ele cria uns para servir a outros? Por que essa diferença? Se não é justo, não é Deus, portanto não existe! Se existe e é justo, tem de haver um motivo para essas diferenças. Agora, se em espírito nascemos muitas vezes, a escravidão pode ser uma ocasião de aprendizado, de fazer preguiçosos trabalharem.

— Vocês falam muito e não acham solução para o meu problema — resmunguei, sentida.

---

1 N.A,E. Muitos negros vindos da África tinham conhecimentos sobre vários assuntos, principalmente os africanos pertencentes a certas tribos. Nau foi um rei em sua aldeia, era um espírito que em existências anteriores teve compreensão da reencarnação, de que se recordou nesta, com o sofrimento que a escravidão lhe impôs.

— Minha filha, é melhor você ficar aqui conosco — pediu Jacinta me abraçando. — Não quero me separar de você! Maria tem razão. De que adianta ser livre se não tem para onde ir?

— Cabocla, sabe que me revolto por ser negra e escrava, queria ter nascido filha dos sinhôs, mas também não vejo outra solução para seu caso, deve ficar aqui conosco na senzala como escrava — opinou Filó.

Chorei muito naquele dia, resmungando:

— Se não tivesse ficado órfã não estaria sendo tratada como escrava. Meu pai certamente teria cuidado de mim.

O tempo passou e acabei por aceitar a situação.

— Minha infância! — balbuciei baixinho. — Não posso reclamar de minha infância!

Falava devagar, estava ofegante, respirava com dificuldade e fazendo barulho, suava e ansiava por água, minha boca estava seca. Levantei a cabeça, senti tontura e escutei os cães mais perto.

As lembranças de minha infância, a imagem de cenas vividas, vieram fortes.

Brincava com a garotada na senzala, era amiga de todos. Jacinta cortava meus cabelos bem curtos para evitar falatório, porque os tinha diferentes dos outros.

Gostava muito de ir ao pomar, subir nas árvores, colher frutos. Fazíamos armadilhas para passarinhos, mas eu os acabava soltando, não gostava de ver animais presos.

Brincávamos que éramos os sinhôs, e eu gostava de imitar o padre que vira somente duas vezes, que fora benzer a fazenda. Pegava um galho em que deixava umas folhas na ponta e o balançava, falando enrolado. Ríamos, achando graça.

Nós, as crianças, éramos bem alimentadas e vestidas, andávamos soltas pela fazenda. Os adultos também tinham lazer, só que estavam proibidos de realizar os cultos africanos, que acabaram sendo esquecidos.

Desde pequena gostava de um negro, José, que era casado e tinha filhos. Quando menina, queria que ele fosse meu pai; adolescente, o quis para marido.

— José, José... — balbuciei. — Meu primeiro e único amor...

Mas José era sério, trabalhador e bondoso, estava sempre acalmando os negros, ajudando todos. Um dia, um de seus filhos foi ferido com a enxada. Cuidaram dele na senzala, mas o ferimento infeccionou e o menino ficou mal. José pediu ajuda ao nosso sinhô, este nem respondeu, e o mocinho desencarnou. José chorou muito, ficou quieto e tristonho por dias, escutou muitas ironias, como:

— Você, José, sempre nos pediu paciência, sempre fez tudo para os sinhôs, e agora, quando precisou deles, nada fizeram por você, não foram buscar o benzedor na outra fazenda nem chamaram o médico da cidade — lamentou um amigo do jovem morto.

— Chamar médico para negro, somente na sua cabeça — retrucou uma negra.

— Mas para o José bem que poderiam chamar — opinou uma escrava. — Ele sempre foi exemplar.

— Mas é negro e escravo! — comentou um negro maldosamente.

José não respondia a nenhum comentário. Sua esposa chorou muito pelo filho morto. Eles eram pais de oito filhos. Ela, desesperada, decidiu:

— Eu não terei mais filhos, não vou dar mais escravos para servir os sinhôs, que nem cuidam de nós.

Tive vontade de consolar José, mas não o fiz, evitava falar com ele. E a esposa dele cumpriu a promessa, passou a dormir junto com as mulheres sem companheiros e não teve mais filhos.

Algum tempo depois da morte do jovem, reunidos após um dia de trabalho, José disse:

— Sofri e sofro muito com a morte do meu filho. Acredito, porém, em Deus e O acho justo. Estive pensando e cheguei à conclusão de que a morte, para os bons, não é castigo; é, deve ser, um acontecimento bom. Mas a morte não deve ser voluntária, não devemos acabar com a nossa vida, cada um tem um tempo certo para ficar no corpo físico. Devemos nos conformar com a vida que temos, porque não é Deus quem escolhe nossa sina, somos nós que fazemos por merecer tê-la de um modo ou de outro. Meu filho morreu jovem, sentiu muitas dores, mas no momento da morte estava tranquilo e agora deve estar num bom lugar.

— Ora, José, o que nos importa morrer e ir para um bom lugar?! — exclamou uma negra com ironia. — Ir para o Céu dos brancos? Se formos para lá, continuaremos servindo!

José a olhou por um instante e respondeu tranquilo:

— Minha cara, Deus, ao criar tudo, a Terra, o Sol, as estrelas, não estava servindo? Tudo isso não foi um trabalho Dele? Por que nós não podemos servir? Tenho a impressão de que há apenas um Céu para onde vão todos os homens bons, sejam eles brancos, sejam negros. E que esse Céu é temporário, porque é aqui, na Terra, que acertamos nossos erros. Não sei por que, mas acredito nisso.

— Que ninguém da casa-grande escute suas palavras — Jacinta preocupou-se. — Os sinhôs não querem que se fale sobre isso. Eles não acreditam. Talvez porque não tolerem pensar que já podem ter sido negros e escravos ou que poderão vir a ser.

— Se pensarmos que o espírito tem muitas existências físicas em corpos diferentes, a gente crê que Deus é justo e bondoso — concluiu Maria.

Escutei a conversa atenta, sem coragem de opinar. Achava que, se Deus era justo, Ele não ia fazer diferença entre seus filhos, e se estas existiam era porque nós mesmos as fizemos.

Continuei a amar José, nunca fiquei sabendo se ele soube ou não desse meu amor, nunca me deu atenção nem conversou comigo a sós. E ele continuou sempre sendo o amigo de todos e de todas as horas.

Caolho interessou-se por mim. Chamava-se Jerônimo, mas, como tinha os olhos tortos, ganhou esse apelido. Era um rapaz simpático. Acabamos por namorar e até gostei dele; passamos a viver como marido e mulher.

Tivemos três filhos, deixei os cabelos crescer e nem falava mais que não era escrava. Como não ser? Era casada com um e os filhos eram mulatos e escravos!

Um dia Caolho, ao ir atrás de uma vaca, caiu do cavalo e fraturou a perna, o fêmur, na altura dos quadris. Ficou imobilizado, cuidamos dele, mas a perna gangrenou e, como não tínhamos recursos para cortá-la, a doença se espalhou rapidamente pelo corpo. Caolho sofreu muito. Fui afastada do trabalho para cuidar dele e o fiz com toda dedicação e carinho.

— Cabocla — disse ele —, devo partir, hoje vi ao meu lado minha mãe e meu amigo Tiu, que estão mortos há muito tempo. Eles me disseram para ter calma, que logo meu sofrimento acabará e que serei levado para um lugar onde não terei mais dores. Confio e não tenho medo. Cuide dos nossos filhos, olhe sempre por eles.

Fiz que sim com a cabeça e comecei a chorar. Ele começou a delirar e desencarnou tranquilo. Suas últimas palavras foram:

— Mãe, eu vou!

Não quis mais me unir a ninguém, aprendi a cuidar dos doentes e passei a fazê-lo com carinho.

Voltei a me lembrar de José, sempre calmo, tranquilo, conselheiro da senzala. Já estava velho e eu o respeitava e admirava. Agora, fraca, deitada naquela pedra, compreendi que meu amor por José sempre foi uma joia que guardei no fundo do meu ser.

— A cobra! Seu veneno está me matando! Bendita ou maldita? Nem uma coisa nem outra, é somente um animal que, se sentindo ameaçado, me picou. Talvez seja melhor morrer envenenada que nas mãos dos feitores. Deus é misericordioso, teve, tem misericórdia de mim. A cobra...

RECORDAÇÕES

“Por que recordo tanto?”, indaguei-me. “Será porque estou fraca? Será o veneno da cobra? Não, já o fazia antes de ela me picar. Essas lembranças me são agradáveis, não me sinto só...”

As recordações não vinham em sequência; me lembrava de fatos ocorridos anos antes e de outros que haviam acontecido fazia apenas alguns dias. As cenas iam e vinham na minha memória e me deixei envolver, pois pareciam tão reais que era como se eu as estivesse vivendo novamente.

O sinhô Floriano era mal-humorado e resmungão, mas boa pessoa. Como já disse antes, naquele tempo não era ruim nossa vida, a dos escravos da fazenda. Éramos bem alimentados, vestidos, tínhamos folgas e festas. Era raro haver castigos, a senzala era grande, espaçosa. Não havia abusos sexuais. Mas os senhores, muito católicos, proibiram nossos cultos e, embora nós não entendêssemos a religião deles, tínhamos de dizer que também éramos católicos.

— Será que esse Jesus morreu por nós também, os negros? — Negrito, um jovem escravo, sempre indagava e ninguém sabia responder.

Sinhá, a esposa do sinhô Floriano, nos ensinava sua religião. Ela, quando tinha vontade, nos reunia aos domingos à tarde e nos falava de sua crença, nos ensinava a orar, mas era difícil decorar aquelas orações grandes que não entendíamos. Rezávamos pela metade, às vezes modificando a prece. Uma vez, uma amiga minha rezou:

— Pássaro de Maria, cheio de graça...

A sinhá ficou brava, e ela perguntou:

— Ave não é pássaro?

A sinhá não respondeu e ordenou:

— É ave e acabou...

Acho que nem ela sabia que ave, nessa prece, tem o mesmo sentido de salve.

Um dia Negrito perguntou à sinhá aquilo que tanto o incomodava:

— Jesus é ou não o salvador dos negros?

— Não — respondeu a sinhá —, acho que não. Creio que não havia negros naquele tempo.

— Um dos reis magos não era negro? Ouvi o padre falar isso quando ele esteve aqui no Natal — disse Maria.

— Bem, não sei — respondeu a sinhá. — Pode ser que sim, pode ser que não. Não quero que pergunte mais nada, vamos aprender a orar.

Não perguntamos mais nada. Jacinta comentou, após a aula:

— Esse Jesus é estranho; poderoso e foi morto na cruz...

— Para nos dar exemplo — afirmou Maria. — Ele foi humilde e não estranho.

— Jesus nasceu para nos ensinar, certamente incomodou a muitos com suas palavras e por isso morreu — concluiu José depois de pensar. — Acho que sua morte não foi a passagem mais importante de sua existência. Penso que foi sua vida, o que fez, o que falou, o que ensinou. Muitos consideram sua crucificação como o ponto principal, esquecendo-se de seus ensinamentos. A sinhá até chora ao contar suas dores, mas diz seus ensinamentos sem emoção. Concordo, Jesus sofreu, mas não vemos tantos aqui sofrerem também? Não sabemos de muitos negros que morrem nos troncos, em torturas? Claro que não são como Jesus, mas são filhos de Deus também. O importante é o que ele ensinava, sua orientação, e devemos seguir seu exemplo. Gostaria de saber mais, tudo sobre Jesus. Que homem excepcional foi ele!

Concordei com José, embora tenha ficado quieta. Achei que a maior lição que Jesus nos deixou foi que ele amou muito mais do que foi amado. Foram muito boas aquelas aulas, aprendi a amar Jesus e Maria, sua mãe.

O sinhô Floriano desencarnou e a sinhá foi morar com a filha longe da fazenda, e seu filho, sinhô Narciso, veio com a esposa tomar conta da propriedade.

Esse novo sinhô era bom, mas não ligava para a fazenda, e eram os empregados que cuidavam de tudo.

O sinhô Narciso e a sinhá Françoá tinham uma história interessante. O sinhozinho Narciso, na idade de casar, não o fez. A família havia tentado arrumar casamento para ele, porém o sinhozinho recusou-se a aceitar. Comentavam em cochichos que ele não gostava de mulheres. Os pais sonhavam vê-lo casado e com filhos. E, numa viagem que ele fez à França, voltou casado. Ele deixou a esposa no Rio de Janeiro e veio à fazenda dar a notícia aos pais. Contou que a esposa era de família nobre mas arruinada, e que estavam muito apaixonados. Os sinhôs foram à corte conhecer a nora. Parece que a aceitaram, e o casal ficou morando no Rio de Janeiro. Com a morte do sinhô Floriano e a sinhá indo embora da fazenda, eles tiveram de ir morar nela. E era Filomeno, um velho empregado, quem cuidava de tudo.

A francesa, a nova sinhá, despertou curiosidade em nós. Era bonita, loura de olhos claros, alegre e risonha, os dois pareciam se dar bem. Não tinham filhos. Nós a achávamos estranha, não tinha nenhuma escrava para ajudá-la a se vestir, a se banhar, e as escravas que serviam a casa-grande comentavam que ela tinha algumas atitudes diferentes. As lavadeiras afirmavam que ela não tinha menstruação. Nos primeiros meses até pensamos que estivesse grávida. Depois concluímos que a sinhá deveria ter alguma doença, mas ela parecia saudável. Era muito simpática, tratava todos bem, passeava a pé ou a cavalo pela fazenda e levava sempre algumas escravas com ela. Ria e brincava muito. Ela se chamava Georgette, mas passamos a chamá-la de Françoá; no começo escondido, depois ela veio a saber, gostou do apelido e todos nós passamos a chamá-la assim, com a sua aprovação.

Foi um período feliz, em que ouvíamos sempre sua risada alegre e escandalosa. Mas eles resolveram ir para a França numa longa viagem, e ficou em seu lugar um primo do sinhô Narciso, o cruel sinhô Honorato, que tinha ideias diferentes em relação à escravidão.

Sua primeira providência foi substituir os empregados da fazenda por outros que vieram com ele. Despediu Filomeno com a desculpa de que ele estava velho e levou-o junto com a esposa para a cidade. Ficamos sem proteção, não tínhamos a quem nos queixar. Diminuiu nossa alimentação, passou a exigir mais trabalho e começaram os castigos. Muitos velhos escravos voltaram a trabalhar. Tínhamos saudade do tempo antigo. Foi um período difícil, em que muitos de nós passaram a desejar a liberdade e a querer fugir.

Ficamos sabendo que um quilombo foi formado no alto da montanha e que muitos escravos da região tinham ido para lá.

Em nossa fazenda houve uma fuga de onze escravos, que não foram capturados. Aí o sinhô Honorato adquiriu cães ferozes, contratou mais empregados e a vigilância aumentou. E foi logo após a fuga desses escravos que meu filho saiu sem permissão e foi castigado para servir de exemplo.

Não gostei do empregado Lisberto desde a primeira vez que o vi, nenhum dos escravos gostou dele. Fiquei apreensiva quando começou a se interessar por Tobi. Minha filha era muito bonita, mulata com os olhos castanho-claros, com traços do avô branco e corpo bonito.

Lisberto não havia feito Tobi de amante porque a esposa do sinhô Honorato não gostava, não queria abusos sexuais, mas ela viajava muito e, como os abusos ocorriam, tudo poderia acontecer naquela fazenda, e nem a esposa do Lisberto, que era jovem e bonita, salvaria Tobi das taras daquele feitor desumano.

Torcíamos para que o casal voltasse logo, mas estavam sempre dando notícias adiando o regresso.

Começamos a desconfiar de que o sinhô Honorato estava roubando o nosso sinhô, depois tivemos certeza. Mas não tínhamos como avisar nosso sinhozinho Narciso, ninguém sabia escrever na senzala. Tínhamos que ficar quietos, tentando nos adaptar à nova administração.

Parei de recordar por instantes, olhei o céu. Como olhar o infinito nos acalma! Estava me sentindo muito mal, não tinha forças nem para me mexer. Concluí:

"Logo morrerei!"

Todos sabemos que iremos morrer, que o corpo físico que nós, espíritos, usamos para nos manifestar no mundo físico irá um dia cessar suas funções biológicas, mas quando esperamos pela morte com tempo determinado é outra coisa.

Conhecendo os efeitos do veneno, sabia que logo iria falecer. Fiquei arrepiada.

— Calma, Jussara — resmunguei para mim mesma. — Todos morrem...

Por que a morte nos causa pânico? Será que é por não sabermos o que se passará conosco? Meu instinto de preservação veio forte.

— Não quero morrer! — exclamei.

"Mas será que nesse caso querer é poder?", pensei.

— Não! — cheguei a balbuciar.

Não temos poder sobre a vida ou a morte. E a morte é uma continuação da vida.

"Tudo é passageiro!"

Realmente, a vida é uma somente, mudamos a forma de vivê-la. Mas naquele momento, sozinha, esperando essa mudança,

tive instantes de medo e pavor, mas depois de paz e tranquilidade, em que senti que alguém me amparava, me transmitia profundo e puro amor. Senti que deveria me ligar a esse sentimento que me acalmava, mas vacilava e esperava... E esperar sempre é angustioso. Aguardar a morte me foi estranho. Não estava esperando por algo qualquer, ou por uma pessoa, mas pelo desconhecido. O que viria a ser essa mudança? Vieram as indagações. Será o fim de tudo? Desapareceria para sempre?

"Não", concluí. "Isso não! Sinto meu espírito, sinto-o dentro deste corpo cansado. A vida continua!"

Iria para o Inferno? Para o Céu? Não havia sido tão má para ir para o Inferno nem tão boa para merecer o Céu. Que vida teria? Iria me encontrar com aqueles que amei e que já morreram?

Nesse momento os erros nos afligem e desejamos não tê-los cometido. E os acertos, por outro lado, nos dão tranquilidade.

"Poderia ter sido melhor, ter feito mais o bem, ajudado mais os outros."

Quase sempre desejamos isso, felizes os que aproveitam a oportunidade, porque o tempo passa e não volta mais. E a morte do corpo físico chega, levando-nos a desencarnar, a viver de outra forma, que será de acordo com nossas ações.

— O que fiz de errado? — indaguei. — Não sei... Será que amar um homem que tem uma companheira foi um erro?

Envolvi-me novamente nas recordações...

Nunca aconteceu nada entre mim e José. Somente eu o amei. Ele era muitos anos mais velho que eu. Quando pequena, José já era adulto e eu o olhava admirada. Quando ele se uniu à Zefa, fiquei triste, tinha quase nove anos e chorei escondido. Acompanhei sua vida, sabendo tudo o que acontecia com ele. Era discreta, tinha horror de que descobrissem meu amor. Acho que ele desconfiou, porque um dia estava sozinho encostado na cerca junto à senzala e me viu olhando para ele; por um instante pensei que fosse me falar algo, mas se afastou rápido e desde aquele dia me evitou.

"Não, meu amor por ele não podia, não pode ser errado."

Não cometi nenhuma ação errada por causa desse sentimento. Não fiz ninguém sofrer por isso. Foi algo belo, que por muitas vezes me incentivou a viver, alimentou minha ilusão, me deu esperanças. Foi um amor lindo!

Os anos se passaram e eu fiquei mocinha. Jacinta sempre me aconselhava:

— Jussara, você está na idade de casar. Tem alguns pretendentes, escolha um para ser seu marido.

— Casar? Como casar? — eu indagava rindo.

— Ajuntar-se com alguém aqui na senzala é como o casar dos brancos. São companheiros e isso é que é importante — respondeu Jacinta pacientemente.

— De fato — disse nossa amiga Maria —, todos os casais deveriam ser companheiros, amigos que se ajudam enquanto estão caminhando juntos. O amor-paixão deve ser substituído pelo amor desinteressado, sem apego. Quando um casal se une por fatos externos não há nada nessa união que dure ou permaneça. É no íntimo que está o verdadeiro amor, o carinho que não passa com o tempo.

Achei que Jacinta tinha razão. Pensei bastante. Amava e não era correspondida, José não seria meu companheiro, estava ligado a outra. Resolvi escolher dentre os jovens solteiros um companheiro.

— Senzala, meu lar! A moradia que tive durante esta vida!

A senzala era a casa de todos os escravos da fazenda. Uma grande moradia onde havia muitas pessoas que pensavam diferente. Às vezes era um lugar agradável, havia demonstração de afeto, principalmente entre pais e filhos. Também foi berço de grandes amizades, havia sempre ocasião de fazer o bem, de ajudar o próximo.

Mas também às vezes tornava-se desagradável por serem muitos a desfrutar um mesmo espaço que nem sempre era respeitado. Havia muitos desentendimentos, fofocas, discussões e até brigas. E os motivos eram diversos, mas o maior era a inveja que um tinha do outro. Os escravos da senzala invejavam os que serviam na casa dos sinhôs e esses iam pouco à senzala; eles dormiam no porão da casa-grande.

Todos davam muitos palpites um na vida do outro, quase sempre havia brigas entre casais, até algumas traições que, para não acabar em morte, eram apaziguadas.

Sei que existiram muitas senzalas no Brasil, em inúmeras fazendas, que não foram idênticas, e que os escravos foram tratados de muitas maneiras. Descrevo aquela em que vivi.

A senzala era feita de barro e pau, tinha espaço para todos. Havia o canto para a cozinha, uma latrina, que era uma fossa funda cercada de tábuas e ficava do lado direito, à frente. Era usada somente em casos especiais: por doentes ou à noite. Isso evitava que a senzala ficasse com cheiro ruim. As outras latrinas eram fossas externas, do lado esquerdo, a alguns metros de distância, entre as árvores. Eram seis casinhas de barro, três para as mulheres e três para os homens.

Tomávamos banho no riacho, as mulheres mantinham a roupa, que trocávamos numa casinha, que também era de barro e pau, perto do riacho. Esses banhos, dependendo da época, eram de duas a três vezes por semana.

Guardávamos nossos pertences, sempre poucos, nas nossas esteiras de dormir.

Nós, as mulheres, sempre deixávamos a senzala limpa, varrida e organizada. As jovens colhiam flores e a enfeitavam. Mas, mesmo assim, seu cheiro não era agradável. Mesmo o espaço sendo grande, era para muita gente.

Houve senzalas em que os escravos eram presos, às vezes pequenas para muitos e as latrinas ficavam na parte interna, mal ventiladas, o odor era realmente desagradável.

No calor, a senzala em que vivi ficava abafada; no inverno entrava muito vento, era fria. Estávamos sempre reclamando.

Mas foi o lar que tive, uma escola na qual aprendi muito, a conviver com outras pessoas, a respeitar quem não pensava como eu, a repartir, a ser solidária e a dar valor a uma moradia, uma casinha simples em que morasse somente minha família. Era isso que desejava quando estava na senzala, foi a isso que aprendi a dar valor.

FATOS E FATOS

"Será que, ao morrer, virarei alma penada? Não quero! Certamente irei com alguma alma boa para outro lugar. Não quero assombrar ninguém. Assombrações..."

Lembrei-me de um fato que ocorreu quando ainda era pequena. Por causa de uma negra faceira, dois escravos brigaram e se machucaram. Dias depois, um matou o outro quando pegou uma enxada e golpeou o rival na cabeça. O escravo que matou ficou preso no tronco por não ter outro lugar para ficar. A escrava escolheu um terceiro, outro jovem, para ser seu companheiro. O assassino ficou preso somente uma semana.

Achando que estava solucionado o problema, o sinhô mandou soltá-lo.

Ao ser liberto, no entanto, o escravo pegou um pedaço de pau e tentou matar a jovem que amava. Ela gritou, e um feitor que foi acudi-la acabou atingido por uma paulada. Um outro feitor pegou uma faca e matou o negro assassino. Foi um fato triste, e os pais dos que morreram sofreram muito com o ocorrido. Nada aconteceu com a escrava, e o feitor atingido apenas se machucou.

Meses depois, a alma desse escravo passou a assombrar a fazenda. Eu tinha muito medo. Nós, as crianças, nem ficávamos mais ao escurecer na porta da senzala. Foram muitos a ver o escravo com a faca no peito, com o olhar rancoroso e blasfemando.

O sinhô Floriano mandou chamar Maria e outros escravos mais velhos na casa-grande e lhes pediu:

— Deem um jeito na alma desse escravo! Façam o que for preciso para que ele não assombre mais. Todos da fazenda estão amedrontados, e essa alma penada teve a ousadia até de vir assombrar a casa-grande. Chamei o padre da cidade, ele veio benzer, orou, mas já no outro dia a assombração estava aqui novamente.

— Bem — respondeu Maria —, é que não se manda em espírito como se manda em nós. Não sabemos o que fazer.

— Ele era escravo como vocês e devem se entender. Minha esposa está com medo e não quer ficar aqui. Façam o que for preciso! — exigiu o sinhô.

Joaquim aventurou-se a falar:

— Sinhô Floriano, tenho um irmão que mora na Fazenda Santa Helena, ele sabe fazer esse trabalho, ele e alguns amigos conversam com os mortos e creio que eles poderão falar com essa assombração e orientá-la para que não assombre mais.

— Você deve ir lá hoje mesmo com o capataz. Vou escrever ao meu compadre, o dono da Fazenda Santa Helena, para deixar que seu irmão e amigos venham aqui nos ajudar — decidiu o sinhô.

E assim foi feito. Logo à tarde estavam os visitantes, o irmão de Joaquim e duas mulheres já idosas, hospedados na nossa senzala. Ficaram conversando, trocando ideias, até tarde da noite. As crianças foram afastadas para que não escutassem.

No outro dia, o trio saiu a andar por toda a fazenda, orando e queimando ervas. Foram até a casa-grande. À tardinha reuniram-se no pátio em frente à senzala. Fizeram um círculo, riscaram o chão, cantaram. Todos nós, inclusive as crianças, ficamos vendo. Quando escureceu, eles pediram a quem tivesse medo que entrasse na senzala. Algumas mulheres o fizeram, e nós, as crianças, fomos obrigadas a entrar. Mas nós tínhamos nossos truques para fazer o que nos convinha. O medo era grande, mas a curiosidade era maior. Ficamos a espiar pelas frestas do portão, interessados em ouvir e ver o que se passava no pátio.

— Meu Deus! — exclamou um menino de oito anos. — Estou vendo o negro assassino! Valei-me, Nossa Senhora! Ele está sendo obrigado a vir, tem dois espíritos pegando-o pelos braços.[1]

— Não vejo nada — disse outro menino —, mas acredito em você. Mamãe me disse que eles falavam que iam mesmo buscar a alma penada para conversar e explicar a ela os inconvenientes de ficar a vagar com tanto ódio. E eles fazem

1 N.A.E. A criança que viu era sensitiva, um médium vidente.

isso porque têm amigos que também são mortos, mas que são bons e os ajudam.

— E, pelo que ouvi — opinou uma mocinha —, quando uma pessoa é boa em vida, também é boa depois de morta. Tanto aqui como lá os bons ajudam sempre e os maus tentam fazer maldade.

— Os bons sempre vencem! — exclamou uma menina.

— Não acredito nisso! Só se for lá do lado dos mortos — concluiu um menino. — Aqui os maus dominam, maltratam.

— É? — duvidou uma mocinha. — É somente ver o assassino, como ele está, para perceber que os maus são castigados.

— Vamos ficar quietos, senão não escutaremos nada — pedi.

Não deu para ouvir tudo, mas entendemos que o negro, o espírito que assombrava, falou por uma das mulheres, e o irmão do Joaquim conversou com ele. Exigiram que fosse embora, largasse de assombrar a fazenda. Foi uma conversa demorada. Ajudaram-no tirando a faca de seu peito e curando o ferimento. Ele foi embora para o alívio de todos, e o irmão de Joaquim explicou alto:[2]

— Esse jovem irá para onde devem ir todos os que morreram. Foi orientado a não voltar mais aqui. Vamos orar por ele desejando que fique em paz e que receba a orientação necessária. Ele tem de perdoar a todos e a si mesmo, esquecer o rancor. Esse moço estava sofrendo muito, como fazem os que não perdoaram, e esperamos que agora tenha alívio, siga o seu caminho e não volte mais aqui.

2 N.A.E. O espírito falou por meio de incorporação. A mulher, que era médium, serviu de instrumento entre o espírito e os escravos. Assim, o irmão de Joaquim pôde esclarecê-lo, e o espírito, tomando consciência de que havia desencarnado, deixou de ter a impressão da dor causada pelo ferimento em seu corpo fisico.

O trio voltou para sua fazenda no outro dia e ficamos a comentar o episódio por muito tempo. Deu certo o ritual deles, que nada mais foi que uma evocação e incorporação para orientação. E a assombração não apareceu mais.

Contavam-se na senzala muitos casos de assombração. A maioria tinha medo, e eu sempre temi alma de outro mundo, mas gostava de ouvir.

— Os suicidas são os que sofrem mais após a morte do corpo — comentou Joaquim. — Embora creia que cada caso seja visto por Deus de forma justa. Lembro-me bem de um fato ocorrido quando era criança: suicidaram-se em curto espaço, aqui na fazenda, um negro, um capataz e sua mulher. Uma negra velha, muito bondosa, pediu a todos nós que fizéssemos orações e pensássemos com firmeza em não nos suicidar. Ela dizia que vibrações do suicídio estavam sobre a fazenda e quem se ligasse a essa energia teria vontade de se suicidar. Recomendou também que falássemos com ela caso surgisse a vontade de morrer. Pois não é que foram muitos os que pensaram em se suicidar? Até a sinhazinha, a irmã do sinhô Floriano, que era menina naquela época. O sinhô Silva mandou-a à casa de sua irmã para passar uns tempos e foi então que ela conheceu o marido e por lá ficou.

— E os suicidas? Os três que se mataram? Como ficaram? Assombraram a fazenda? — indagaram.

— Pelo menos ninguém os viu. Mas falaram que eles sofreram porque não se pode matar um corpo que Deus nos deu para viver aqui na Terra. Ao sofrer, deve-se ter paciência, tudo passa e sempre há momentos felizes — explicava Joaquim.

Sempre que possível, Joaquim nos falava sobre o suicídio, que ninguém deveria cometê-lo porque não se foge dos problemas arrumando outros piores. E acho que não falou em vão. Enquanto vivi na fazenda, ninguém se suicidou. Algumas vezes se desejou a morte, mas nunca a ponto de se pensar em acabar com a vida, porque acreditávamos que a vida não acaba, continua após a morte do corpo. E suicidar-se não resolve nada, os problemas continuam os mesmos e, ao saber que se continua vivo, surgem outras dificuldades, e o remorso vem quase sempre forte. E sabendo que existe a reencarnação é que não devemos mesmo pensar em tirar nossa vida física nem a de ninguém, porque a reação para essa insensata ação é sempre dolorosa, embora se tenha sempre o socorro e a ajuda de outros, irmãos auxiliando irmãos. A colheita é de quem plantou.

Um dia, conversando sobre assombração, José comentou:

— Por que alma do outro mundo? Será que ao morrer passamos a ser do outro mundo? De outro lugar? Penso que todos os que morrem devem ir para um lugar neste mundo mesmo. E aqueles que não vão e por algum motivo permanecem conosco podem ser vistos, e assombram aqueles que os veem.

— Por que uns vão para esses lugares e outros não? — indagou uma negra.

José respondeu, após pensar uns instantes:

— Acho que sempre existem motivos para ficar. As pessoas boas são os bons espíritos, esses não assombram, continuam sendo úteis. Há aqueles que foram bons, mas, apegados às posses, não querem abandonar o que julgam ser deles, se sentem presos aos seus bens, que na verdade não pertencem mais a eles. E até pelo amor egoísta, paixão, muitos não conseguem entender que necessitam viver separados por algum tempo. Outros ficam pelo ódio, odeiam tanto que se ligam aos seus desafetos, querendo fazê-los sofrer, e sofrem junto. Os que ficam são sempre imprudentes.

Ficamos quietos a pensar, concluí que José tinha razão. Morrer deveria ser uma partida da qual não se leva nada, iríamos só conosco mesmo, com nossas ações boas e más.

Filó quebrou o silêncio:

— Você, José, deve ter razão. A sinhá antiga, que morreu há certo tempo, vagou pela fazenda. Dizem que ela não foi má, mas era apegada demais a sua casa e a seus filhos. E, na fazenda vizinha, aquele capataz maldoso, depois que morreu, assombrou por anos a fazenda, perseguido por alguns negros. Acho que o capataz não encontrou sossego porque foi mau e os negros porque não o perdoaram.

— São muitos os fatos ouvidos e vistos — elucidou José — que servem para nos confirmar que o espírito continua vivo após a morte. Os bons têm o merecimento de ficar bem, os maus sofrem por suas maldades e aqueles que não perdoam sofrem também, embora possam ser vítimas e bons.

Naquele tempo não pensava na morte para mim, parecia que nascera para não morrer. Mas essa passagem é para todos. Mesmo quando planejei a minha fuga para encobrir a fuga dos meus filhos, não pensei em morrer. Enganei a mim mesma. Quando queremos fugir da realidade, conseguimos. Não pensei muito nas consequências. Agora, estava esperando por ela, pela morte, ou pela chegada dos feitores.

— Quem chegará primeiro? — indaguei.

Olhei para a pedra em que estava deitada, era cinzenta e irregular. Ao lado do meu rosto estava passando uma fileira de formigas. Cada uma levando algo: pedaços de folhas, grãos, até pedacinhos de pau para sua casa, o formigueiro. Observei-as por instantes.

"Será", me indaguei, "que as formigas vivem no formigueiro juntas como nós, negros, nas senzalas?"

Quando criança...

Dormia junto com outras meninas, muitas preferiam dormir com os pais, mas eu, como era órfã, dormia sempre com um grupo de amigas. Brincava e fazia pequenos trabalhos, conversávamos muito, e aprendi logo a ter medo. Temor do sobrenatural; de pessoas; de alguns escravos, pessoas com qualidades e defeitos, que olhavam com cobiça para nós, as jovenzinhas, e muito mais para mim, que era diferente, de pele clara e cabelos lisos.

Jacinta temia por mim e estava sempre me protegendo, queria que casasse porque um companheiro me protegeria da cobiça de alguns homens.

Mas queria encontrar um amor, um sentimento forte como o dos meus pais. Pedia a Jacinta com olhar suplicante:

— Conte, Jacinta, me conte a história dos meus pais.

— Você, menina, não se cansa mesmo de escutar. Eu não aguento mais falar dessa história. Dizem que aqui nestas terras, antes de o branco vir e trazer os negros como escravos, viviam os índios, que eram os donos de tudo.

Interrompi:

— Não entendo, Jacinta, se eles estavam aqui e eram donos da terra, como puderam vir outras pessoas e mandar em tudo?

— Acho que poder mesmo não podiam, mas não são feitas tantas coisas que não se podem fazer? Nós, os negros, éramos livres na nossa terra e os brancos foram lá e nos tiraram de nossos lares como se fôssemos pedras, nos trouxeram para cá e nos obrigaram a trabalhar para eles, como animais.

Filó, que escutava, ficava indignada:

— Jacinta, se nascemos para aprender, qual será a lição que um escravo aprende?

— Deve ser trabalhar, sem dúvida — respondi.

— A obedecer e a domar o orgulho — respondeu Jacinta.

— Parece que vocês duas estão pensando como José — comentou Filó. — Não acredito nisso. Não creio que aprendemos aqui na Terra. Acho Deus injusto. Se fosse justo, Ele não seria Deus só dos brancos, ou não faria negros.

— Filó — advertiu Jacinta —, os negros sofrem, mas os brancos também. Ficam doentes como nós, sentem a morte de entes queridos, e existem brancos pobres.

— Não venha defender esse Deus em que você crê! — exclamou Filó.

— Como se Ele precisasse de minha defesa! Se o que José fala estiver certo, Deus é justo! Talvez sejamos nós que diferenciamos, que fazemos por merecer a vida que temos. Não sei se José está certo, mas aprendemos quando queremos. E eu aprendi muito nesta fazenda.

Filó riu de gargalhar.

— Não ria de Jacinta — defendi-a.

— Ora, Cabocla, não estou rindo dela, mas do que ela disse. Aprender algo aqui? O quê? Na senzala?

— Sim, na fazenda, nesta senzala — respondeu Jacinta. — Hoje não sou orgulhosa, tenho fé, amo a vida, sou obediente e gosto de trabalhar.

— Jacinta — pedi —, fale de meus pais...

Minha mãe de criação, querendo pôr fim à discussão, me atendeu:

— Limão era branco, de sorriso bonito, era um ótimo empregado. Sua mãe vivia com sua tribo nessas passagens, na floresta. Conheceram-se, mas não falavam a mesma língua. Comunicavam-se por sinais, e um foi aprendendo a linguagem do outro. A tribo de sua mãe, que era composta de poucos índios, porque por causa de uma doença trazida pelos brancos muitos morreram, eles não gostaram do namoro de sua mãe. Japira, sua genitora, era muito bonita e geniosa, e resolveu fugir com seu pai. Os índios resolveram ir para outro local se reunir com outra tribo. Seus pais viveram felizes o tempo que ficaram juntos. Moravam numa pequena casa aqui na fazenda, sua mãe ficou grávida e você nasceu, mas infelizmente ela morreu. Seu pai desesperou-se, e o sinhô me pediu para criá-la, tinha dado à luz um de meus filhos e tinha leite para ambos, e assim a criei. Seu pai, após o falecimento de sua mãe, tornou-se triste, ninguém o viu sorrir de novo, mas vinha todos os dias ver você. Aí teve o acidente e morreu.

Jacinta calou-se, e Filó, que escutava, comentou:

— Filha de branco com índio, criada na senzala e escrava!

Quis dizer que não era escrava, mas estava cansada de fazê-lo sem resultado. E, após ouvir a história de meus pais, ficava sonhando com eles. Imaginava-os belos e carinhosos comigo.

Na senzala repartíamos o ambiente com folhas trançadas ou tábuas. Eram como biombos que dividiam alguns espaços para as famílias. Todos dormiam no chão, mulheres e meninas de um lado, homens e garotos de outro. Fazíamos esteiras de palha, às vezes colocávamos penas, que serviam de colchões. Quando se juntavam, casavam, iam dormir numa parte bem fechada, um quadrado num canto, por dias, depois nos quadrados das famílias.

Até certa hora da noite, o fogão aceso dava uma fraca claridade, depois que se apagava ficávamos na escuridão. Mas, se precisássemos, um lampião era aceso.

Desde pequena, como todas as crianças, sabia o que acontecia entre os casais. Falava-se abertamente sobre sexo.[3]

Tinha vergonha de me ajuntar com alguém. Mas, achando que Jacinta tinha razão, escolhi um rapaz simpático e bondoso para namorar. Caolho ficou feliz por ter sido o escolhido, ele era simples, trabalhador e me amava. Depois de um tempo de namoro, passamos a viver juntos. A primeira noite foi de carinho, e no outro dia aguentamos risos e gozações.

Vivemos bem juntos, ele era pacato, me tratava bem, com delicadeza.

Sempre trabalhei perto da sede. Quando criança, no pomar, secando café, colhendo milho. Depois, nas lavouras, costurando e lavando roupas dos escravos.

Tive meus três filhos sem problemas. Às escravas grávidas era dado serviço mais leve e no oitavo mês não trabalhavam, só voltavam para a lida com o nenê desmamado. Isso acontecia entre o oitavo e o décimo segundo mês. Mas elas ficavam trabalhando na senzala, cuidando das crianças, cozinhando para todos os escravos.

Tínhamos poucas diversões, algumas festas, conversas à noite, fazendo rodas com afins. No período da sinhá Françoá, ela fazia festas para nós e oferecia carne de vaca para comer à vontade.

---

3 N.A.E. Faço uma ressalva para dizer que essa foi minha experiência na senzala. A vida dos escravos no Brasil diferiu muito: houve lugares em que foram bem tratados, em outros viveram miseravelmente. E certamente a escravidão foi um período de muito aprendizado.

Senti muito quando Caolho morreu e resolvi não casar mais. Jacinta me aconselhava:

— Jussara, você é jovem, arrume outro companheiro.

— Não quero, Jacinta. Vou ficar viúva até morrer.

Houve pretendentes, que recusei. O tempo passou e aí aconteceu a morte triste do meu filho mais velho, a vida tornou-se difícil na fazenda e nós fugimos.

Na vida de todos nós há acontecimentos, são fatos e fatos que formam história, e a nossa, por sermos o personagem principal, nos é importante.

MINHA PASSAGEM

Parecia lembrar de tudo o que me acontecera, até fatos sem importância me vieram à mente. Lembrei-me até de que, quando criança, achamos no pomar, Tonica e eu, um ninho com ovinhos. Todos os dias íamos vê-lo, até que nasceram os filhotes, ficaram grandes e voaram. Quando o ninho ficou vazio, fiquei triste, havia me acostumado a ir vê-lo. Quando somos privados de algo a que nos acostumamos, sentimos falta. E isso acontece com tudo o que faz parte de nossa vida.

"Será que sentirei falta do meu corpo? Sim, acho que sim, estou há tantos anos com ele como roupa do meu espírito. Mas ele é da natureza e a ela deve voltar. Que pensamentos estranhos, parece que me são sugeridos, nunca pensara isso antes."

Jamais imaginei que pudesse recordar toda a minha vida em poucos minutos. Não deveria estar deitada na pedra por muito tempo. Escutei o barulho dos meus perseguidores, agora estavam bem perto.

Tinha dores, garganta seca, muita sede e suava. Estava agonizando e não tive mais medo, me senti segura, amada, protegida e tranquila. O temor da morte passou como por encanto e comecei a ter a sensação de que estava sendo erguida do chão. Sentia pessoas junto a mim, fiz um esforço para abrir os olhos do meu corpo físico, mas não consegui. Consegui, porém, ver alguns vultos.

"Não são meus perseguidores", pensei. *"Esses me amam e querem me ajudar."*

— *Mãe, mamãe, fique calma!*

— *Meu filho! Será? É você, Manu?* — parece que balbuciei, mas não falei, não mexi os lábios.

Senti-me mais calma com os fluidos de carinho dele. Não escutei mais minha respiração, que estava ofegante, mas continuei a respirar. As dores se acalmaram, e um dos socorristas gentilmente me levantou a cabeça e me deu água. Tomei-a apressada, levando as mãos à caneca prateada.

— *Tome devagar!*

Que saborosa aquela água limpa e fresca! Quis agradecer, mas senti sono. Estava tranquila, meu filho apertou minha mão.

— *Estarei com a senhora.*

Meus perseguidores chegaram.

— A Cabocla! Deixaram a Cabocla! Parece morta!

Um dos feitores chutou meu corpo. Não senti nada, mas seus fluidos de raiva e ódio me despertaram. Foi como se tivesse recebido um chocalhão, e o sono passou; apesar do temor, passei a ver tudo nitidamente. Meu filho me abraçou e me beijou.

— *Manu, vão maltratar você* — falei preocupada.

Ele sorriu.

"Meu filho está morto e eles não poderão mais maltratá-lo", concluí.

Aconcheguei-me mais perto dele e fiquei observando. Manu estava sentado na pedra e eu deitada no seu colo. Os dois vultos, os quais agora via bem, eram uma mulher e um homem simpáticos e tranquilos, que calmamente mexiam no meu corpo e me faziam sentir separada dele. Eram dois socorristas, que me desligavam da matéria. Preferi olhar para meu filho. Que saudade! Ele estava feliz, sadio e lindo. Passava com delicadeza a mão nos meus cabelos.

Voltei meu olhar para a pedra e vi meu corpo deitado, cheio de ferimentos. Estava com as roupas rasgadas e sujas. Olhei para mim, sim, porque eu era aquela que meu filho acariciava; estava com a mesma roupa, do mesmo jeito, porém não sentia os ferimentos.

Escutei os feitores:

— Cabocla está morta! Olhem, picada de cobra! Mas e os outros?

— Os cães não acham mais rastros. Eles não existem. Eu estava certo, perseguíamos apenas uma pessoa. Cabocla nos enganou! Os fujões foram para outro lado e ela pela floresta para despistar, para que os filhos fugissem. Esperta!

— E agora? — indagou um deles.

— Vamos voltar — decidiu o senhor Lisberto. — Andamos muito e estamos longe da fazenda. Devemos ter cuidado, há cobras por aqui. Que raiva! Tanto trabalho por nada, e ainda teremos de ouvir as gozações dos outros. Andamos pela mata fechada, não pegamos ninguém, uma escrava tola nos enganou e os fujões devem estar longe.

— Somente por sorte iremos capturá-los — queixou-se um deles.

— Eu bem que falei que seguíamos um rastro somente! — repetiu o outro.

— Você tem razão! Um rastro só! Enganados por uma maluca! — o senhor Lisberto estava irritado.

— *Não, por uma mãe que ama!* — consegui dizer, e até me assustei, minha voz era normal, porém os feitores não escutaram.

— *Mamãe, durma nos meus braços. Cuidarei da senhora!*

— *Ficaremos aqui?* — indaguei.

— *Vou levá-la para onde moro!* — respondeu meu filho.

Comecei a sentir sono, mas escutei os feitores.

— Temos pouca água. Vamos reparti-la com os cães, um pouco para cada um. Amanhã à tarde chegaremos à fazenda. Vamos voltar! — ordenou o senhor Lisberto.

— E Cabocla? — perguntou um deles.

— Vamos deixá-la aí, não devemos perder tempo enterrando-a. É somente uma escrava! — respondeu o senhor Lisberto.

Foram embora. Olhei para Manu, ele me transmitiu calma. Adormeci confortada nos seus braços.

Acordei disposta num leito. Apalpei, o colchão era macio, com lençóis como os dos sinhôs, cheirosos e muito limpos. Estava num quarto grande com várias camas, quase todas ocupadas por mulheres brancas e negras. Olhei tudo espantada, sem coragem de me mover.

Uma moça branca, muito bonita, veio até mim e sorriu agradavelmente.

— *Bom dia! Como está passando? Precisa de alguma coisa?*

Não tive coragem de falar, respondia com movimentos de cabeça. Senti muita vergonha. Uma moça branca me dirigindo a palavra como se eu fosse igual a ela. A jovem, sempre risonha, sentou-se no leito em que eu estava e ajeitou com carinho os lençóis. Aí percebi que estava vestida com um camisolão branco, de mangas longas e com detalhes de renda, e todo feito de um tecido macio; passei a mão, encantada com a peça de roupa. Olhei novamente para a moça, que continuava me olhando com carinho. Segurou a minha mão e disse sorrindo:

— *Por favor, não se sinta envergonhada! Como prefere que eu a chame: Cabocla ou Jussara?*

— *Cabocla* — respondi, abaixando a cabeça e os olhos.

A moça passou a mão pelo meu rosto, levantou-se e disse delicadamente:

— *Seja bem-vinda, Cabocla! Aqui não é mais escrava e não se sinta inferior. Você não é! Aqui somos todos iguais! Fique à vontade. Vou avisar Manu que você acordou.*

Tive vontade de falar, fazer perguntas sobre muitas coisas, mas fiquei quieta, e sem me mexer. Ela se afastou.

Passei as mãos pelo meu rosto, nada de ferimentos. Levantei as mangas e olhei para meus braços e mãos, nenhum arranhão. Suspirei aliviada e sorri feliz.

Respirei fundo. Como gostei de sentir o cheiro daquele lugar. A senzala, por mais que a limpássemos, não tinha bom cheiro, e nos últimos tempos, com o serviço aumentando, não tínhamos mais disposição para limpá-la melhor.

Manu entrou no quarto, olhei-o maravilhada. Cumprimentou educadamente todos os que estavam no quarto e aproximou-se de mim, emocionado.

— *A bênção, minha mãe!*

— *Deus o abençoe, meu filho!* — respondi com lágrimas de alegria nos olhos.

Beijou-me a mão, depois meu rosto e nos demos um forte abraço. Aí percebi que não sabia onde estava e por que estava ali. Indaguei:

— *Manu, meu filho, que faço aqui? Por que estou num quarto igual ao das sinhás, com estas roupas cheirosas?*

— *A senhora está bem? Quer alguma coisa?* — indagou meu filho em vez de responder.

— *Estou muito bem, muito confortável!* — respondi.

— *Mamãe, a senhora desencarnou! Seu corpo físico morreu com a picada da cobra.*

Ficamos quietos por alguns segundos.

"Estranho", pensei, *"morri e estou como viva!"*

— *Mamãe* — continuou Manu a explicar —, *a senhora morreu mesmo, quer dizer, seu corpo físico morreu. Temos mais um corpo, este que é igual ao que usamos quando encarnados. Chama-se perispírito, e é uma roupagem do espírito.*

— *Onde está meu corpo morto?* — perguntei.

— *Ficou lá na pedra, está apodrecendo e logo será esqueleto e pó* — respondeu Manu.

— Hum...

— *Entendeu?* — indagou meu filho.

Estava um tanto confusa. Mas, se meu corpo morrera, eu agora deveria ser alma, e graças a Deus não era penada.

— *Morri... Que vai ser de mim agora?* — perguntei.

— *Irá morar comigo numa bela casinha. Aprenderá muitas coisas, e seremos felizes.*

— *Manu, a moça me tratou como se eu fosse uma sinhá.*

— *Mamãe, diferenças existem no mundo físico, aqui não. Somos todos iguais, filhos do mesmo Deus.*

— *Nós, os escravos, somos filhos de Deus? Tem certeza?*

Manu riu.

— *Sim, mamãe, porque fomos criados por Ele.*

— *Onde está Caolho, seu pai?* — quis saber.

— *Papai nasceu de novo, reencarnou. É um lindo menino.*

— *Branco ou negro?*

— *Branco. Nosso espírito, mamãe, vive num corpo físico, quando este morre, vive-se um período na erraticidade, em que se pode ser feliz ou infeliz, dependendo do seu merecimento, depois ele nasce de novo num outro corpo, reencarna.*

Ficamos quietos por momentos e eu pensei no que ouvi e achei bem certo. Falei com entusiasmo:

— *Se Jacinta ouvisse isso ficaria muito alegre, e José entenderia muitas coisas. Ambos dizem que Deus não é injusto. Eu até duvidei dessa justiça em certos momentos. Mas se Caolho foi negro e agora é branco, nós nascemos na Terra, reencarnamos, para aprender mesmo.*

Manu riu. Sempre segurando minha mão, falou:

— *Mamãe, Deus é justo. Temos, na Terra, como na erraticidade, a reação de nossas ações, o aprendizado a que fazemos jus. Mas agora chega de conversa. Durma, a senhora precisa se refazer, descansar. Mais tarde virei buscá-la para um passeio.*

Não queria dormir, mas tive sono e adormeci tranquila.

Quando acordei fiquei quietinha, respirei fundo, sentindo o aroma agradável daquele lugar. Abri os olhos devagarinho e me alegrei por não ter ninguém perto ou me observando. Prestei atenção em tudo, nos detalhes, achando o quarto maravilhoso.

A moça risonha aproximou-se de mim e me cumprimentou baixinho:

— *Oi, Cabocla! Chamo-me Regina. Trouxe um alimento para você.*

Sentei-me na cama sem saber o que fazer e muito envergonhada. Estava mesmo com vontade de me alimentar.

"Mas morto se alimenta?", indaguei-me.

Regina, lendo meus pensamentos, explicou calmamente:

— *Cabocla, você está aqui há dez dias somente. Logo aprenderá a viver sem as necessidades do corpo físico, e aí não necessitará se alimentar mais. Isto é caldo de legumes, e tomará suco. Não é uma alimentação como a dos encarnados, mas se sentirá melhor após se alimentar. Aprenderá muitas coisas, e creio que logo não sentirá falta de nada do que fazia enquanto encarnada, porque não era apegada a nada.*

— *Só aos meus filhos...* — Suspirei, esforçando-me para falar, porque tinha receio de dizer algo que fosse inconveniente.

— *Você aqui saberá deles e poderá, logo que possível, vê-los. Vamos, alimente-se*! — recomendou ela carinhosamente.

Regina afastou-se e eu tomei a sopa, achando-a deliciosa. Logo que terminei, ela veio pegar o prato.

"Tratada como sinhá!", pensei. *"Como sinhá!"*

Uma senhora branca, elegante, aproximou-se do leito ao lado do meu, abraçou com amor a moça que nele estava e disse em tom baixo, mas, como eu estava ao lado, escutei:

— *Filha, como está?*

— *Mamãe, sofro, não estou bem. Morrer de parto, que injustiça! Agora que ia ter meu primeiro filho!*

— *Filha, não reclame! Por seu merecimento pude trazê-la para cá. Há tantos lugares feios e tristes a que um desencarnado pode ir!*

— *Preocupo-me com meu nenê! Que será dele sem mãe, sem mim?* — queixou-se a moça, chorosa.

— *Seu esposo irá tratá-lo bem. Sua cunhada está cuidando dele* — tentou a senhora consolar a filha.

— *Mamãe, não amava meu esposo, sabe bem que fui obrigada a casar com ele e que era minha cunhada quem governava a casa. Não fui feliz no casamento, mas não queria morrer. Estou muito triste! Tenho dezoito anos!*

— *Filha* — disse a senhora pacientemente —, *aqui será feliz. Não tenha dó de si mesma. O pior que nos pode acontecer é deixarmos a autopiedade nos privar de ser felizes ou de tentar ser.*

— *Mamãe, aqui ficam todos juntos, negros, brancos e índios.*

— *Isso faz diferença para você?* — indagou a senhora.

— *Não* — respondeu a jovem —, *sabe bem que não. Sempre achei a escravidão uma grande injustiça, e amei Juvelina, a nossa mãe negra, como minha segunda mãe.*

— *Vamos, ânimo, você já poderia ter se levantado e está há uma semana se lastimando!*

Com muito custo a senhora conseguiu que a filha se levantasse e saíram do quarto para um passeio.

"Brancos, negros e índios têm os mesmos sentimentos: bons e maus sofrem pelos mesmos motivos", pensei.

Estava achando muito gostoso estar ali naquele quarto e naquela cama.

"Meu último leito na Terra foi aquela pedra. Meu corpo deve estar lá. O que importa é que agora estou aqui."

Estava feliz, cochilei e acordei com um beijo gostoso de Manu.

— *Mãezinha, vim vê-la!*

— *Bom dia, filho!* — exclamei, sentando-me na cama.

— *A senhora quer ir ao jardim?* — perguntou Manu.

— *Quero!* — respondi de imediato, levantando-me do leito.

Olhei para mim, o camisolão ia até os pés. Perguntei a ele:

— *Posso ir assim?*

— *Claro! Venha!* — afirmou meu filho, sorrindo.

Passamos pela porta, por um corredor e chegamos ao jardim. Encantei-me, nunca vira flores tão bonitas e perfumadas. Sentamos num banco, e lágrimas escorreram pelo meu rosto. Manu me abraçou.

— *O que se passa, mãezinha? Por que chora? O que lhe falta? O que sente?*

— *Gratidão!* — respondi emocionada. — *Estou comovida com tantas belezas, com o tratamento que estou recebendo. Nunca pensei que merecesse tanto. Mas não quero ser servida por muito tempo. Quero ser como Regina, que serve com alegria.*

— *Fico muito contente em ouvir isso da senhora, esperava por isso mesmo. E logo estará apta a servir. A ociosidade, mamãe, tanto para encarnados como para os daqui do Plano Espiritual, é a causa de pararmos no caminho do progresso. Felizes aqueles que servem, trabalham e são úteis, porque esses caminham e, se fazem com amor, a caminhada é prazerosa e alcançam seus objetivos mais depressa do que imaginam.*

— *Manu, você está falando certo, como um sinhô que estudou* — observei contente.

— *Mamãe, aqui estudei e ainda estudo. O aprendizado é para todos. Na colônia não há escravos, e somente pessoas boas vêm para cá.*

— *A escravidão acaba com a morte do corpo de carne?* — quis saber.

— *Infelizmente, há os cativos dos desejos, prazeres e vícios. As pessoas más, as que abusaram, podem sofrer entre aqueles que não as perdoaram. Quando desencarnam, por afinidades podem vir para cá ou ir para outros locais de socorro, porém aqueles que não têm merecimento podem ir para lugares que nada são parecidos com este que vê. São os imprudentes, que podem tanto vagar por lugares em que viveram encarnados como ir para o umbral, que é um local triste, onde se sofre muito. E lá existem escravos, mas não é a cor externa que importa, são as ações erradas que os ligam àqueles lugares.*

Olhei para meu filho, ele deveria ter aproveitado bem o que aprendera ali. Achei-o sadio, orgulhei-me dele. Fiquei calada por uns instantes, depois indaguei:

— *Manu, se é o merecimento que nos fez estar aqui e muitos em outros lugares tristes, por que encarnamos como escravos? Foi por essa tal lei de afinidades ou por que nos foi necessário?*

Manu riu, ele estava muito belo.

— *Mamãe, Deus é justo por nos dar a oportunidade de aprender todas as lições. Quando não queremos aprender, não dando valor à oportunidade do amor, a dor pode vir a ensinar. Este planeta, que temos por abençoada moradia, é de expiações e provas. Expiações quando perdemos a oportunidade de reparar nossos erros pelo amor, pelo trabalho edificante no bem. Quando isso acontece, sentimos a reação de nossas ações erradas, é o sofrimento tentando ensinar. A dor é persistente, não nos deixa até que tenhamos aprendido, e assim vamos tendo novas oportunidades até que nos harmonizemos. Provas. E muitos aprendem ou acham que aprenderam. A Terra é uma grande escola, e as provas nada mais são que ocasiões que nos mostram se estamos ou não aptos, se aprendemos de fato a lição que nos foi dada.*

Confesso que não entendi bem o que Manu disse naquele dia, mas guardei bem suas palavras, e vim a compreendê-las depois. Segurei forte a mão dele e indaguei:

— *Manu, por que sofreu tanto se nada fez de errado? Você sempre foi tão bom! Esqueceu seu amor por Juvência?*

— *Gostava de Juvência, foi um amor de adolescência, agora a amo como uma irmã, e quando posso vou vê-la e tento ajudá--la. De fato, não errei nessa encarnação, mas já cometi muitos erros no passado. O sofrimento para mim foi uma lapidação que me fazia falta. Tive necessidade de passar pela prova de sofrer e perdoar. Precisava provar a mim mesmo que perdoaria sem rancor, e ao fazê-lo me senti muito feliz. Sinto-me forte ao lembrar-me de tudo o que me aconteceu. Amo a vida e todas as suas manifestações.*

— *Você disse que errou? Onde? Como?* — perguntei curiosa, sem entender.

— *Mamãe, somos espíritos eternos e, pela bondade e justiça do nosso Pai Amoroso, nos revestimos de muitos corpos físicos, reencarnamos.*

— *É o que aconteceu com seu pai? Você disse que o espírito dele agora está em outro corpo, de branco.*

— *Sim, mamãe, temos, pela bondade de Deus, sempre oportunidades de acertar, reparar...*

— *Ou errar mais...*

— *Temos o nosso livre-arbítrio. Quer dizer, fazemos o que queremos, mas somos responsáveis pelos nossos atos* — explicou Manu.

— *Filho, pode um espírito reencarnar e passar pela prova de ser um bom sinhô?*

— *Sim* — respondeu Manu. — *Muitos vencem, outros, infelizmente, são reprovados; a ilusão da matéria sufoca seus bons planos. Provas não são fáceis. Muitos, antes de reencarnar, julgam-se aptos, e são poucos os que conseguem fazer aquilo a que se propuseram.*

— *Podem, além de não passar por essa tal prova, ainda cometer erros? Estou pensando no senhor Lisberto, ele é muito mau* — quis saber.

— *Não sei qual é a situação dele. Se o senhor Lisberto escolheu como prova ser bom, humano com as pessoas, será reprovado se continuar agindo com maldade. Se ele queria reparar erros, acumulará mais. Sim, mamãe, podemos não passar nessa prova e ainda acumular mais erros. Eu escolhi passar por uma situação difícil, em que tivesse de perdoar, prova que eu mesmo escolhi. Poderia, pelo meu livre-arbítrio, não perdoar e ainda querer me vingar. Se agisse assim, teria errado. Certamente que teria outra oportunidade, mas não devemos abusar das dádivas do ensejo, sábios são os que aproveitam. Não se deve deixar para o futuro o que se pode fazer no presente.*

— *Acho que a reencarnação não é muito comentada para que pensemos que temos uma só chance e que por isso devemos aproveitá-la.*

Ri, pensando ter falado uma besteira.

— *Mamãe, a senhora está certa, oportunidade não é para ser desperdiçada, devemos pensar que é a única e aproveitá-la ao máximo. Porque, de certa forma, é a única, pois nada que nos acontece se repete. E nem sempre podemos dispor de amigos que nos acompanham ou ajudam. E as provas podem ficar cada vez mais difíceis.*

Concordei com ele. Crer no Deus justo me foi gratificante. Lembrei-me dos meus outros filhos e me preocupei com eles.

— *Manu, você sabe de seus irmãos? Como eles estão?*

— *Estão bem no quilombo* — respondeu.

— *Conseguiram!* — suspirei aliviada.

— *Sim, caminharam muito, passaram frio e fome, mas conseguiram subir o rio, atravessaram a floresta e após doze dias chegaram à comunidade e foram aceitos. Estão lá, contentes e livres.*

— *E sua irmã, e a criança que espera?*

— *Está tudo certo com eles, mamãe* — afirmou Manu. — *Tobi está forte e saudável, e a criança também.*

— *Meu sacrifício não foi em vão!*

— *Não, não foi!* — exclamou Manu.

— *Será que eles se preocupam comigo?* — indaguei.

— *Conversei com Tobi enquanto ela dormia e falei que a senhora desencarnou e que está feliz comigo. Ela acordou, lembrou e contou a todos o sonho. Eles acreditaram, sentem que estamos juntos e felizes.*

— *O que acontecerá com eles?* — perguntei.

— *Não sei, mamãe. Mas para que se preocupar? Agora estão bem, e os feitores decidiram não ir atrás deles.*

— *Obrigada por tudo, filho* — agradeci emocionada.

— *Amo a senhora, mamãe!*

Sorri. Estava realmente feliz.

VISITAS

Senti-me tão bem com a nova vida, vivendo como desencarnada, que me envergonhei de estar sendo servida. Comentei com Regina:

— *Amiga, sinto-me bem, quero fazer alguma coisa de útil, não quero só ficar descansando.*

— *Isso é bom!* — exclamou Regina. — *São muitos os que vêm para cá e demoram para se sentir dispostos. Mas você logo poderá fazer algum trabalho. Hoje à tarde seu filho virá buscá-la para morar com ele.*

"Onde será que Manu mora?", pensei.

Não me importava onde, mas sim ficar com ele. À tarde meu filho entrou na enfermaria todo contente.

— *Mamãe, a senhora vem comigo! Quero lhe mostrar nossa casinha.*

Regina me deu uma roupa para vestir, um vestido que não era luxuoso como os das sinhás, mas muito bonito e confortável, azul, de bolinhas brancas, e que achei maravilhoso.

— *Estou bonita, filho?* — perguntei.

— *A senhora sempre foi e será para mim a mulher mais bela que existe.*

Despedi-me de todos e de Regina, emocionada:

— *Obrigada, Regina! Sou grata por tudo. Você é muito dedicada.*

E lá fui eu de mãos dadas com Manu, encantada com tudo o que via. E fiquei mais ainda ao chegar à nossa casa.

— *Por favor, mamãe, não chore!* — pediu Manu, emocionado com minha alegria.

— *Nunca vi uma casa tão linda assim!*

Era uma casa pequena, cercada de flores, tudo simples, limpo, tinha somente o essencial. Sorria sem parar ao ver cada detalhe.

— *Que lindo!* — suspirei.

Dias depois, sempre acompanhada do meu filho, conheci toda a colônia, e meu encantamento não foi menor. A cidade espiritual que me abrigou era muito limpa, ordenada, cheia de flores, muito linda. Mas o que achei maravilhoso foram seus moradores, pessoas boas, conscientes de sua melhora interior.

Cuidava da nossa casinha, do nosso jardim. Querendo trabalhar, foi me dada a tarefa de preparar alimentos para os abrigados do hospital. Gostei muito, logo fiz vários amigos e aprendi rápido a preparar sopas e sucos. Sentia-me importante. A alegria é diferente quando nos sentimos úteis.

Encontrava-me todos os dias, à tarde, com meu filho, em nossa casa. Manu trabalhava doze horas por dia no hospital, na enfermaria masculina, com os abrigados recém-chegados da crosta. E ainda estudava. Ainda bem que não dormia mais, porque em casa lia muito, amava os bons livros, que pegava na biblioteca da colônia. Mas sempre tinha tempo de conversar comigo, de me dar atenção. Comentei com ele:

— *Manu, será que mereço tudo isso?*

— *Na espiritualidade não se pode "dar jeitinho". Se está aqui é porque merece.*

— *Sou muito grata, quero fazer de tudo para continuar merecedora. Se todos soubessem que aqui é assim tão bom, acho que se esforçariam mais para ter o merecimento de vir para cá.*

— *Mamãe, gostos diferem. Sente-se bem aqui porque se afinou. Mas para muitos a colônia não seria o lugar ideal.*

— *Não?* — perguntei espantada.

— *Aqui, mamãe, há muita disciplina, ordem e trabalho. A colônia pode abrigar ociosos por algum tempo, mas se não quiserem ser úteis não podem ficar. Muitos, ao virem para cá, não querem obedecer, e sim dar ou continuar dando ordens, fazer as coisas a seu modo. Como não é permitido, acham as colônias simples demais e não querem compartilhar com outros o quarto, a casa etc. E há ainda os que querem realmente estar encarnados. Para mim, os locais de socorro são maravilhosos porque me afino com a sua simplicidade. Semelhantes se atraem e, quando ainda não fazemos por nos assemelhar a esses lugares, estes nos servem somente como abrigos e não como lares. Mas a vida nos ensina, e todos acabarão por se adaptar um dia.*

— *Os desencarnados que estão no umbral iriam gostar daqui?* — quis saber.

— *Mamãe, há muitos desencarnados no umbral, e lá estão por diversos motivos. Há os que sofrem, e esses certamente iriam querer que seus sofrimentos acabassem. E logo que se sentissem bem poderiam gostar ou não daqui. Por isso os socorristas ajudam aqueles que sofrem no umbral ou aqueles que ficam apenas vagando, mas somente quando pedem auxílio e querem mesmo mudar suas atitudes. Porque muitos querem ficar livres da ressaca, das consequências de atos errados, mas não querem deixar seus vícios. Estes, aqui, iriam perturbar a ordem. Mamãe, muitos lá estão bem, julgam-se felizes morando nos lugares trevosos ou vagando, gostam da forma de vida que levam, e se viessem para cá não iriam gostar. Não se sentiriam bem com a forma de vida e desrespeitariam seus moradores como também o local.*

— *Por isso é que você sempre fala da afinidade?* — indaguei.

— *Sim, aqui, mamãe, somente se sentem bem os simples* — respondeu Manu. — *A simplicidade não deve ser confundida com desleixo ou ignorância. É a pessoa ser natural, sincera e sem afetação. Tendo muitos conhecimentos, faz-se compreender por todos, aceita as regras do lugar e não se julga melhor que ninguém.*

Compreendi bem. Lembrei-me de que muitos achavam a senzala insuportável e outros faziam tudo para melhorar a própria vida e a de todos os companheiros lá dentro. Pensei que, se alguns dos escravos viessem para a colônia, iriam estranhar, porque iriam querer beber ou comer em excesso, outros se julgariam merecedores de ser servidos. Mas a maioria iria gostar, como eu estava gostando.

Passei a vestir uma roupa simples: saia até os pés e blusa branca. Fazia as tarefas com prazer e gostava demais de estudar, de aprender.

Sentia muita saudade dos meus filhos e amigos. Manu sempre estava me dando notícias deles, mas ansiava por revê-los. Meus filhos eram como se fossem pedaços de mim. E eu tinha muitos amigos. Por viver na senzala durante muitos anos, sentia-me como se todos os companheiros formassem uma grande família, e muitos deles eram por mim muito queridos.

Logo que foi possível, Manu me levou para visitá-los. Primeiramente fomos ao quilombo. Chorei de felicidade ao rever meus filhos. Estavam bem, contentes e adaptados na comunidade. Minha netinha nascera linda e sadia, recebeu o nome de Jussara em minha homenagem.

A vida no quilombo era rudimentar, todos contribuíam para torná-la mais agradável. Moravam em casinhas de pau e barro, uma ao lado da outra. Plantavam, criavam animais, ninguém era dono de nada, o trabalho era repartido, e os frutos, divididos igualmente. Havia um chefe, era um negro já idoso que tentava pôr ordem e apaziguar as desavenças, porque havia algumas fofocas e discussões, mas eram todos amigos. Sabiam da possibilidade de uma invasão e temiam. Tentavam viver normalmente, enfrentavam os problemas cotidianos. No alto da montanha, onde viviam, fazia muito frio, e isso os incomodava, pois não tinham abrigos quentes.

Abracei-os e beijei-os com amor. Fomos vê-los à tardinha, quando, terminado o trabalho do dia, sentavam-se em volta de uma fogueira, conversavam e quase sempre o assunto era a saudade dos entes queridos que estavam longe. Aproximei-me de Tobi, sentia muita falta dela. Minha filha, com a minha aproximação, pôs-se a recordar de mim e comentou com uma amiga:

— Hoje estou com muita saudade de mamãe! Como será que ela está? Gostaria que meu sonho com Manu fosse verdadeiro. Sempre temi que pudessem castigá-la por termos fugido. Queríamos que fugisse conosco, mas mamãe não quis, falava que ia nos atrapalhar. Como será que está sem nós?

— Sua mãe está bem, Tobi. Vejo o espírito dela ao seu lado, sorrindo, pois ela já morreu.

— Você a está vendo? Ela está bem? — perguntou Tobi, esperançosa.

— Sim, está bonita e feliz!

— Se ela está aqui, me escutará: mamãe, eu a amo e amarei sempre! — Tobi emocionada pôs-se a chorar.

Os outros pararam de conversar para saber o que estava havendo e ela contou a todos. Meu filho Tonho exclamou comovido:

— Ainda bem, pelo menos não é mais escrava! Prefiro saber que está morta a estar viva na senzala. Quero-a feliz!

Manu me abraçou e pediu:

— *Vem, mamãe, se quiser ir à senzala, devemos ir agora.*

Despedi-me deles abraçando-os, dei a mão para Manu e volitamos rumo à fazenda.

Fiquei emocionada ao ver os amigos, tudo estava do mesmo jeito. Estavam recolhidos na senzala, e os cães agora ficavam do lado de fora, ninguém podia, depois que escurecia, sair mais. O cheiro forte me fez entender que eles agora usavam a latrina de dentro, que era uma somente para todos.

Também me emocionei ao ver José, que continuava calmo, líder, tentando animar os companheiros e dar-lhes esperança. Mas ele estava triste e maltratado, dois de seus filhos haviam sido vendidos e a saudade era grande, principalmente por não saber como estavam.

Chorei ao abraçar Jacinta, ela não me sentiu. Minha mãe adotiva também estava apreensiva e triste, sentia minha falta e a dos outros filhos. Ela teve oito filhos, dois morreram pequenos, dois haviam fugido e um fora morto ao tentar uma fuga. Mas Jacinta era querida por todos, tinha muitos netos e preocupava-se com eles.

"Eu pelo menos sei dos meus filhos, e Jacinta não. Ter saudade sem saber onde está o ser que amamos é bem pior", pensei.

Fiquei com muita pena de meus companheiros.

— *Será que a vida deles não vai melhorar?* — indaguei a Manu.

— *O sinhô Narciso e a sinhá Françoá deverão voltar em breve.*

Voltei à colônia mais agradecida por tudo o que desfrutava, mas não me esqueci deles, orava muito, enviando bons fluidos a todos que amava.

E sempre que me era permitido ia vê-los. Ia ao quilombo, onde continuava tudo normal, e à fazenda. E foi com alegria imensa que um dia, ao chegar à senzala, encontrei todos alegres, tudo mudando, os sinhôs haviam regressado.

Tomé era um desencarnado muito bom, fora negro na última encarnação e havia muitos anos tinha feito sua passagem para o Plano Espiritual. Trabalhava ali, na fazenda, como socorrista, ajudando a todos com sua orientação e carinho. Ele me explicou, contente:

— *Cabocla, o senhor Honorato, que ficou administrando a fazenda, quase levou à falência o sinhô Narciso, roubou-o de forma vergonhosa. Nosso sinhô foi avisado na França por uma carta de um parente e regressou. Mas ele nada pôde recuperar do que lhe fora roubado. Teve até de pedir dinheiro emprestado e vender um bom pedaço da fazenda. A sinhá*

Françoá ficou indignada ao ver o estado sofrido dos escravos. O sinhô conversou com todos, lastimando ter se ausentado por tanto tempo. Os empregados foram todos mandados embora, e os cães foram com eles. Os escravos voltaram a viver como antigamente. Bem... quase... Não têm mais castigos, não são vigiados, mas eles não possuem dinheiro para melhorar a alimentação e a senzala. Mas todos estão colaborando com o sinhô e a sinhá, ajudando a recuperar a fazenda. Estas terras são o único bem que lhes resta, e eles não querem vendê-las e ir para a cidade, porque, por não ter renda, não têm como viver, e temem a pobreza.

— Estão faltando alguns escravos — observei. *— Onde estão?*

— Alguns foram vendidos pelo sinhô Honorato, outros fugiram e, quando os sinhôs regressaram, pondo fim à vigilância, uns resolveram ir embora, temendo que vendessem a fazenda. O sinhô Narciso e a sinhá Françoá queriam reaver os escravos vendidos, mas não têm dinheiro para isso. Planejam fazê-lo assim que for possível, pelo menos com os que quiserem retornar — esclareceu-me Tomé.

Aos poucos tudo foi se ajeitando. José e Jorge, outro escravo, ficaram como administradores da fazenda. Com o serviço repartido e a boa vontade de alguns, aos poucos tudo melhorou. As casas dos empregados foram ocupadas pelas famílias dos escravos, outras mais foram construídas, e a senzala foi desativada. Ninguém mais fugiu da fazenda.

A vida dos negros, escravos, libertos ou fugitivos, não era fácil. Se eram escravos bem tratados, essa era a melhor forma de viver. Fugitivos estavam sempre temerosos, viviam escondidos, passando fome e frio. Os libertos, para sobreviver, trabalhavam muito, e às vezes viviam em condições piores que as dos escravos. Claro que havia exceções, mas eram poucas, e no campo não era fácil ser negro.

Sinhá Françoá empenhou-se muito em ver todos os negros contentes. Ela pôs-se a trabalhar, ajudando o esposo. Visitava os escravos nas casinhas e ensinava-os a se higienizar, a cozinhar e a cantar. Todos a amavam, e eram agradecidos. Eu também me senti grata a ela e desejei transmitir-lhe fluidos de amizade e carinho. Fui vê-la. Pela primeira vez entrei na casa-grande.

Fiquei admirada. A casa era muito bonita, móveis pesados e escuros, tudo limpo e com flores. A sinhá estava sozinha em seu quarto. Resolvi entrar no seu aposento para agradecer-lhe.

Levei um susto. A sinhá estava se barbeando. Saí rápido e fui procurar Tomé, o socorrista que ficava pela fazenda.

— *Tomé, vi a sinhá se barbeando...*

— *Você, Cabocla* — advertiu ele —, *foi indiscreta. Se queria ver a sinhá, que esperasse na sala, não deveria ter entrado em seu quarto sem ter sido convidada. Aprenda a ser discreta quando se trata de visitar, ajudar ou até mesmo agradecer aos encarnados. Um desencarnado consciente e bom somente entra num local de intimidade se for solicitado pelo encarnado ou para algum auxílio.*

— *Desculpe-me!* — pedi envergonhada, reconhecendo ter sido inconveniente.

Fiquei curiosa para saber o que acontecia, mas nada perguntei, sabia que não deveria me intrometer na vida de ninguém. Tomé segurou minha mão e me esclareceu com bondade:

— *Cabocla, não é a mim que deve pedir desculpas. Espero que tenha aprendido a lição. A sinhá Françoá não é mulher nem se chama Georgette. Seu nome de batismo é Gerald. Nosso sinhô apaixonou-se por ele, que já na época se vestia de mulher.*

E esse amor não diminuiu quando soube a verdade. Resolveram ficar juntos, escondendo seu segredo.

— *Não sei o que dizer!* — exclamei. — *Nunca ouvi isso! E eles são tão bons!*

— *Não julgue para não ser julgada!* — aconselhou Tomé. — *Também não entendo bem como isso aconteceu. Sei que vivem juntos, que se entendem e são pessoas boas, principalmente com os escravos. Gostavam de viver na França, lá iam a festas, tinham uma vida social intensa. Aqui estão isolados, mas agora, com poucos recursos financeiros, optaram por morar definitivamente na fazenda.*

— *Não sei o que dizer, continuo achando estranho!* — exclamei.

Tomé suspirou e explicou:

— *Confesso que quando soube do fato também fiquei curioso para entender o procedimento deles. Um dia, quando a mãe do sinhô Narciso, que está desencarnada há anos, veio visitá-los, ficou conversando comigo por um tempo e indaguei sobre o assunto. Ela me disse que Narciso e Gerald já viveram muitas existências juntos e se amaram apaixonadamente todas as vezes em que se encontraram. Desta vez planejaram ficar separados. Na encarnação anterior, Narciso, que tinha outro nome, era casado e tinha filhos quando conheceu Gerald, que era mulher e se chamava Georgette. Ele largou a mulher e os filhos para ficar com ela. Seu ato causou muitos acontecimentos que resultaram em infelicidade para a esposa e os filhos. E isso lhe causou muito remorso. Por causa de sua paixão fez sofrer muitas pessoas que ele também amava. Arrependeu-se, e nesta encarnação planejou casar com sua ex-esposa, que agora veio como sua prima, e dedicar-lhe carinho de esposo fiel. Georgette também sofreu pelos seus erros, não se constrói felicidade com sofrimento de outros. Pediu para reencarnar num corpo masculino e prometeu ficar longe de Narciso, não atrapalhar o relacionamento dele com a esposa. Mas, encarnados, mudaram de planos. A ex-esposa de Narciso apaixonou-se por outra pessoa, os pais dela queriam obrigá-la a casar com nosso sinhô, pois estavam prometidos desde crianças. Narciso, compreensivo, desfez o noivado e ajudou-a, convencendo os tios a aceitar aquele que ela escolhera para marido. Como ela já tinha sofrido com Narciso, poderia ter medo de sofrer novamente. Apaixonou-se por outro e foi viver feliz com seu amado. Narciso agiu certo não lhe guardando rancor e ajudando-a a ser feliz. Ele foi para a França e conheceu Gerald, que tinha adotado o nome de Georgette, o mesmo que teve na encarnação anterior, e a paixão ressurgiu forte. Mesmo eles pensando que não estavam agindo certo, pela educação deles e conceitos da época, ficaram juntos. Na França, disseram para os amigos que casaram no Brasil e, aqui, que casaram lá.*

— Todos os casais assim, do mesmo sexo, já estiveram juntos no passado, em outras encarnações?

— Não, esse caso é específico. Certamente pode ter ocorrido reencontro do passado com outros casais. Mas cada um tem sua história, os porquês têm respostas diversas e são muitos os fatos que levam as pessoas a agirem assim.

— *Errado?* — indaguei.

— *Diferente* — respondeu Tomé.

Meu amigo socorrista calou-se, ficamos em silêncio por instantes. Depois ele me olhou nos olhos e me esclareceu:

— Os dois não conseguiram vencer a paixão. Mas irão com certeza aprender a amar de modo puro, sem posse e egoísmo. Você não ia visitá-los? Pois vá!

Fiquei indecisa, e Tomé bondosamente aproveitou para me dar mais uma lição.

— Por que você queria ver a sinhá? Não era para lhe enviar fluidos de gratidão por ela ser tão boa com os escravos? Está estranhando eu chamá-la de sinhá? É que a conheci assim, e é como gosta de ser chamada. Tanto você quanto eu não entendemos no momento essa atitude, mas não é por isso que devemos ignorar o que os nossos ex-senhores têm de bom. Esse fato não deve modificar os nossos sentimentos com relação a eles. Desta vez estão juntos, mas não fizeram ninguém sofrer pela atitude deles.

Abaixei a cabeça, envergonhada. Tomé tinha razão, não achava certo, naquele momento, por não entender, o procedimento deles, mas quem era eu para julgá-los? Ali fora para agradecer. Sorri para Tomé, rumei para a sala da casa-grande e esperei pela sinhá. Logo ela veio; sem querer, reparei nela. Tinha um jeito diferente, mas seu sorriso era cativante e bondoso. Os escravos a amavam ainda mais, agora que haviam conhecido a maldade da perseguição.

Sinhá Françoá chegou perto da janela, olhou para o pomar e suspirou. Não pude deixar de escutar seus pensamentos.

"Meu Deus, por que sou homem? Queria tanto ser mulher, ter dado filhos a Narciso. Sinto que errei em assumir uma falsa identidade e em ter ficado com ele. Perdoe-me! E eu o amo tanto!"

Compreendi que eles não eram tão felizes como pensava, como também tive a certeza de que eles aprenderiam a amar sem paixão, porque recebiam fluidos de gratidão, sentimento quase tão forte quanto o amor. Gratos são os que aprendem a amar. Quando somos agradecidos a uma pessoa, os fluidos mais puros que temos lhe são enviados, e como nos faz bem recebê-los! E eles recebiam de muitos, encarnados e desencarnados.

Orei para eles com fé, pedindo ao Pai que os orientasse. Desejando paz para aquele lar, voltei à colônia.

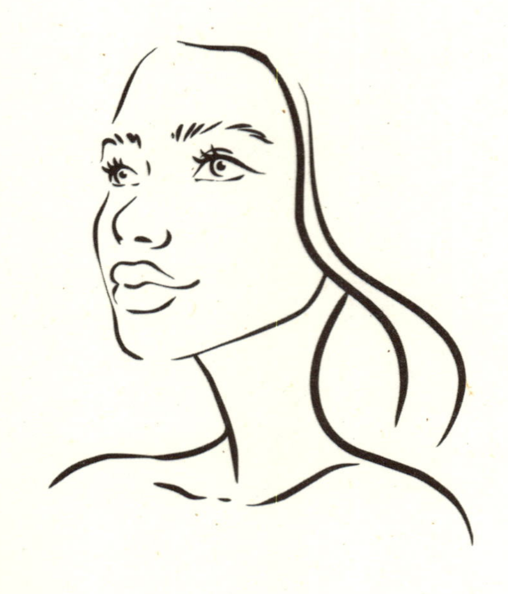

NA ENFERMARIA

Gostava muito de ir à escola, estudava com muita dedicação, maravilhada com tudo o que estava acontecendo. Aprendi a ler e a escrever com facilidade, porque em encarnações anteriores o fazia corretamente, como também sabia bastante do *Evangelho* e da *Bíblia*.

"Sei que", pensei, *"agora é o momento de viver o que reaprendo."*

A escola era simples, com muitas salas de aula. Éramos separados pelo grau de conhecimento. Ali tive noção de tudo, conhecimentos gerais, morais e evangélicos. Os professores eram atenciosos, prestativos, e eu me esforçava para compreender tudo, ou melhor, colocar em prática o que aprendia no meu dia a dia, e o meu trabalho me dava boas oportunidades para vivenciar o aprendizado. Fiz muita amizade com os companheiros da escola, conversávamos muito, trocávamos opiniões, querendo conhecer mais e viver de acordo com o que aprendíamos. Estudei por anos naquele local, até estar apta a frequentar outras escolas. Mas parei de estudar, optei por outra tarefa.

Lembro-me com alegria dos anos em que estudei naquela escola, dos momentos felizes que ali passei.

Nossa casa era muito agradável, com vários quartos, que eram cantinhos particulares de cada um. Manu tinha o seu, eu o meu, e conosco moravam mais seis amigos, quatro senhoras e dois rapazes. Cuidei do jardim por muito tempo, este estava sempre na responsabilidade de um de nós, de preferência dos recém-chegados, por ser tarefa fácil e prazerosa. Cada um tinha em casa um afazer para que nosso lar fosse agradável e ordeiro. Tornamo-nos tão amigos que passamos a ser uma família, e um tinha o prazer de ajudar, orientar o outro.

Tornei-me muito amiga de Eleonor, uma senhora que foi sinhá de diversos escravos. Ela era bondosa, mas o esposo não, fora cruel para com as pessoas que o cercavam, com os escravos. Ela sofreu muito e até recebeu agressões dele por defender os escravos.

— *Preocupo-me muito com meu esposo, ele está no umbral e sofre demais* — Eleonor se queixava sempre.

— *Eleonor* — consolava-a —, *seu esposo um dia acabará por entender sua situação, pedirá perdão e arrependido terá o socorro.*

— *A escravidão nos traz muitos sofrimentos. Negros encarnados sofrem muito por ser escravos. Entre os desencarnados, temos visto feitores e sinhôs sofrendo, e negros que não perdoaram. Se a abolição acontecer, creio que muitos problemas serão solucionados.*

Manu, que estava conosco, sorriu com seu modo amável. Convidado por nós a dar sua opinião, o fez nos ensinando:

— *Todos os períodos por que a Terra passou e passa nos são úteis. E não é a escravidão a vilã de todos os nossos problemas. Quem não quer perdoar não concede o perdão nem aos atos graves nem aos mais amenos. Como também aqueles que querem fazer maldade sempre encontram um meio de fazê-la. E se agora são cruéis com os escravos é porque a escravidão faz parte da vida deles. Países que não têm escravidão têm os mesmos problemas e dificuldades.*

— *Verdade?* — indagou Eleonor.

— *Têm os mesmos números de crimes, abusos, estupros, enfim, as mesmas ações erradas. As causas são inúmeras para os mesmos tipos de erro. Mesmo depois de anos que a escravidão for banida do Brasil, teremos, como agora, muitos imprudentes vagando, sofrendo, odiando, e o umbral repleto de moradores. Enquanto o homem não resolver trocar seus vícios por virtudes, aprender a amar e exemplificar os ensinos de Jesus, haverá sofrimentos. Mas não maldiga a escravidão, está sendo um período de muito aprendizado. Mas será uma marca em nossa bendita pátria, uma marca dolorosa que ficará por muito tempo causando tristes consequências. Para alguns, sou um desses, foi um aprendizado abençoado, ocasião de reparação* em que aprendi a perdoar e a amar. Para outros o remorso será *como chaga viva a doer por anos. Muitos aprenderam a trabalhar obrigados a servir, passando a amar todas as formas de ser úteis. Mas há também ódios que demorarão séculos para ser amenizados e provocarão muitas obsessões. Mas acabaremos nos amando como irmãos que somos.*

Eleonor estava sempre tendo notícias do esposo. Depois de muito tempo, com a ajuda de Manu, minha amiga teve permissão de socorrer o esposo no umbral, e ele ficou por anos na enfermaria do hospital, até que pôde reencarnar, esquecendo e ficando, assim, livre do remorso que o atormentava. Para muitos, a reencarnação é um bendito refrigério, porque esquecemos tudo e temos a oportunidade de recomeçar novamente.

Como fiquei contente quando, recebida pelo orientador do hospital, ele me informou gentilmente:

— *Cabocla, você trabalhará conosco seis horas por dia. Irá cuidar da ala feminina da enfermaria quatro. Lá estão as desencarnadas que vagaram algum tempo por entre os encarnados e no umbral. Tiveram seus momentos difíceis de colheita da imprudente plantação que fizeram quando estiveram no corpo físico. Agora, aqui conosco, tentamos auxiliá-las do melhor modo possível.*

Dividia bem meu horário e tinha bastante tempo para o lazer, que passava com colegas ou na Terra, com meus filhos e amigos.

Sempre fazia meu trabalho com ânimo, e quase sempre voltava para casa cansada, mas, após um suco ou um caldo, ia descansar e me refazia rapidamente.[1]

Esse foi um período em que me senti muito útil, em que, ao lidar diretamente com as pessoas, ao ter contato com grupos de desencarnados heterogêneos, tive conhecimento da alma humana, aprendi a lidar com muitas situações. Sempre me lembrarei com carinho desses anos em que lá trabalhei, aprendendo a servir com amor.

---

1 N.A.E.. A necessidade de alimentar-se varia de acordo com a evolução de cada um. Quem já aprendeu a se revitalizar, a retirar energia do meio ambiente pela absorção dos princípios vitais da atmosfera, certamente não terá mais de se alimentar dessa forma.

Todos os dias, ao entrar na enfermaria, cumprimentava-as sorrindo:

— *Bom dia!*

Nem sempre recebia resposta. Ia de leito em leito, limpava-as, ajeitava-as, algumas eu tinha de alimentar, a outras servia os alimentos, falando de assuntos alegres, de Jesus. Algumas me escutavam, umas pareciam me ignorar, outras, já se sentindo melhor, conversavam comigo, queixando-se ou falando do que as preocupava.

Tianinha era jovem ainda, desencarnou aos vinte e dois anos. Era uma mulata bonita quando o sinhozinho, filho do dono da fazenda em que ela morava, veio da capital onde estudou e se engraçou com ela. Como Tianinha não queria nada com ele, o sinhozinho vendeu seu companheiro e seus dois filhos. Revoltada, louca de ódio, aceitou ser amante dele, esperando a oportunidade de se vingar. Ela foi ao sétimo encontro. Conseguiu se apossar de um punhal dele e o golpeou no pescoço, matando-o. Depois tentou se suicidar cortando os pulsos. Mas não morreu, foi socorrida por uma negra que os atou, estancando o sangue. Foi presa pelos feitores, levada para uma cela, um local fechado por grades onde ficavam presos os escravos rebeldes. Os sinhôs foram para a cidade enterrar o filho e ela ficou aguardando o castigo, que deveria ser terrível. Ficou passiva, havia se vingado. Os sinhôs demoraram na cidade, e os feitores a estupraram. Ela se arrependeu de ter tentado o suicídio, mas não de ter matado. Estava grávida e, após ter sido violentada, abortou, desencarnando por hemorragia. Sofreu muito, permaneceu revoltada por anos no umbral, até que aos poucos foi abrandando seu ódio, reconheceu seu erro e pôde ser socorrida. Ela sofreu mais por odiar e por não perdoar.

Conversava muito com ela, animava-a, queria que entendesse que a vida não era só infelicidade.

— *Penso, Cabocla* — suspirou tristonha —, *que não entendi o que a vida quis me ensinar. Na encarnação anterior a essa, fui um sinhô que maltratou muito os escravos, separando famílias como forma de castigo. E nesta mais recente, não aprendi a lição, mas quero aprender.*

— *Tianinha* — consolava-a —, *ninguém precisa aprender sofrendo. Ânimo. Construa, ajude, repare seus erros com amor.*

Depois de algum tempo ali, teve alta e foi morar com seu pai, que era um orientador da colônia. Anos depois veio despedir-se de mim:

— *Cabocla, receberei a bênção da reencarnação, logo voltarei ao corpo físico. Serei abandonada por minha mãe, irei para um orfanato. Espero que de órfã possa me tornar mãe de muitas crianças, que terão lar comigo. Não quero ter filhos, mas sim ser mãe amorosa de muitos. Papai me ajudará daqui, espero reparar meus erros com trabalho edificante. Só temo que, ao reencontrar antigos desafetos, o ódio ressurja. Quero aprender a amá-los. Sei que não é fácil, aqui fazemos planos, e no corpo físico muitas coisas podem mudar. Mas volto à matéria confiante.*

— *"O amor cobre multidão de pecados"* — respondi. — *Anula erros. Ame, Tianinha. Tenha esse sentimento forte dentro de você. Desejo que, ao encontrar seus desafetos, você possa amá-los como irmãos.*

Desejei a ela e a muitos que iam reencarnar que aproveitassem bem essa oportunidade maravilhosa que todos nós temos.

— *Cabocla, estou cansada. Quando irei sair daqui?* — reclamava sempre uma senhora, exigindo atenção. — *Quero mais atendimento, aqui não me tratam como mereço.*

— *A senhora está sendo tratada igual a todos* — explicava. — *O que deseja dessa vez?*

— *Ir para o Céu! Já fiquei muito aqui no purgatório.*

— *Não se iluda, Donana, não existe Céu como pensa, e aqui é um lugar de recuperação* — repetia.

— *Você está mentindo como todos!* — gritava ela. — *Existe o Céu e eu quero ir para lá. Mereço!*

Quando não conseguia, pela minha pouca experiência, resolver casos como esses, doutor Antônio, médico que visitava todos os dias as enfermarias, conversava com elas, tentando resolver os conflitos de cada uma.

— *Donana* — elucidava ele calmamente —, *espero que a senhora não se torne inconveniente. Não deve exigir, e sim ser grata a quem lhe auxilia. Já lhe dissemos como é o Plano Espiritual. Se fosse como pensava, não teria saído do umbral, sua permanência lá seria eterna. A senhora deveria pensar no tempo em que esteve lá, no que sofreu, para dar valor ao que recebe. Esforce-se para melhorar e tornar-se útil à comunidade que a abriga.*

Ela, assim como as outras pessoas, respeitava doutor Antônio, que era bondoso porém enérgico. Tratava todas com carinho e atenção, mas dizia sempre o que cada uma precisava ouvir e nem sempre isso lhes era agradável ou era o que queriam ouvir. Nosso médico impunha respeito até no jeito de olhar.

— *Não quero me lembrar do tempo em que estive no Inferno* — respondeu Donana. — *Foi terrível, e ainda bem que não é eterno. Mas por que nos ensinaram errado? Por que essa confusão? O senhor tem razão, vou me esforçar para melhorar.*

Passava uns dias se esforçando, mas logo tinha uma recaída e tornava a fazer exigências. Como não queria ser útil, agia como se todos tivessem o dever de lhe servir, não queria fazer nada. Foi providenciada a sua reencarnação. No corpo físico teria um recomeço, uma nova oportunidade, e as dificuldades talvez a despertassem para que progredisse.

Vieram para a enfermaria, ao mesmo tempo, uma senhora que foi sinhá, dona de escravos, e uma negra que foi sua escrava. As duas tinham rancor uma da outra.

A senhora, sinhá Rita, estava sempre reclamando:

— *Confesso a você, Cabocla, que aqui estou bem melhor que antes. Mas é injusta minha situação. Você cuida de mim, mas deveria me dar mais atenção, foi escrava, apesar de não ter sido negra. Não acho certo você cuidar de tantas, e de negras! Como aquela ali, a Rosa, que é muda. Não fala por motivos justos, a miserável!*

Depois passava mal, sentia-se sufocada e a crise durava horas. Às vezes, somente melhorava com o passe do doutor Antônio.

— *Sinhá Rita, da próxima vez somente irei acudi-la após ter sofrido por mais tempo* — brincava o médico.

— *Já sei, tive essa crise pelo meu rancor* — defendia-se ela. — *Mas como não ter se Rosa foi a causa de tudo?*

— *A senhora não errou? Foi inocente? Por que não reconhece sua culpa?* — perguntou o médico, olhando-a com firmeza.

— *Bem...* — balbuciou ela.

— *Sinhá Rita, não transfira a culpa a outrem. Assuma seus erros, esforce-se para perdoar e peça perdão, senão não poderá permanecer aqui...*

— *Não, por favor* — pediu —, *não quero voltar para o lugar horrível em que estava, vou me esforçar, prometo. Perdão...*

Beijava a mão do doutor Antônio.

A negra Rosa não falava, embora o médico insistisse que agora poderia fazê-lo. Quando sinhá Rita falava dela, Rosa gesticulava com raiva e tentávamos acalmá-la. Doutor Antônio dizia sempre a ela:

— *Rosa, irá falar quando não tiver mais rancor.*

Aproveitando que ele se afastou das duas, pedi que me explicasse algo que havia tempo queria compreender:

— *Doutor Antônio, não entendo. Para serem socorridas, prometeram perdoar e esquecer o rancor, mas basta lembrar o que lhes aconteceu que a raiva volta.*

Nosso médico sorriu, compreendendo minha curiosidade, e me esclareceu:

— *Isso acontece muito. Pensa que os socorristas que as acolheram não sabiam disso? Sim, eles têm esse conhecimento, entretanto, por misericórdia, foram socorridas. Se tivessem realmente perdoado com esquecimento, não estariam aqui neste estado de necessitadas e sofrendo ainda, embora menos que no umbral. Se estão precisando de ajuda é porque não compreenderam ou não querem ainda passar de ajudadas a ajudantes.*

— *Não seria melhor separá-las? Estão sempre trocando fluidos negativos de rancor* — opinei.

— *Quer conhecer a história das duas?* — indagou-me doutor Antônio.

Assenti com a cabeça, fomos para o jardim do hospital, sentamo-nos num banco perto de uma árvore frondosa e ele narrou:

— *Conheço, para ajudar melhor, a história das duas. Uma, sinhá orgulhosa, exigente, tratava os escravos com desrespeito. A outra, escrava que servia a casa-grande. Ambas tinham filhos, família. Um dia, o esposo da senhora desconfiou que ela o traía, chamou Rosa e ameaçou castigá-la se não lhe contasse a verdade. Ela, temerosa, falou ao sinhô dos encontros amorosos de sua esposa. Ele prendeu sinhá Rita no quarto, foi atrás do amante e o matou. Era um de seus empregados. A sinhá, ao saber, conseguiu que um outro empregado trouxesse Rosa a sua presença. Ele a segurou e sinhá Rita cortou sua língua com uma faca.*

"Dias depois o esposo da sinhá Rita a matou, sufocando-a com o travesseiro. Desencarnou com ódio. Foi para o umbral.

Rosa viveu algum tempo, muda e com ódio de todos pelo que lhe acontecera. Desencarnou e não pôde ser socorrida. Foi também para o umbral junto com sua ex-sinhá. Ficaram unidas pelo ódio.

Até que, cansadas de sofrer, pediram clemência para ficar livres do sofrimento. Muitos fazem qualquer coisa para parar de sofrer e não são fingidos os pedidos de ajuda. Nesse caso, as duas acharam que se haviam perdoado, queriam mudar a forma de viver e pensar. Mas, depois de sofrer, começaram a ver tudo diferente, considerando-se vítimas, injustiçadas. É por isso, Cabocla, que nossas enfermarias estão sempre lotadas. E, quando os pedidos de socorro são fingidos, os socorristas não socorrem, pois esses espíritos necessitam passar mais tempo sofrendo para poder ter auxílio."

— Que coisa! — exclamei. *— Rosa prefere continuar muda a perdoar, e sinhá Rita, a ter seus ataques de sufocação a esquecer o rancor.*

— Estiveram próximas para que se perdoassem. Mas vou transferir uma delas. Terão tempo para se entender.

Voltei aos meus afazeres, agradecida pela lição recebida.

Sinhá Rita foi transferida para outro quarto da enfermaria, foi melhorando e as crises de sufocação foram rareando. Quando pensou estar bem, pediu para reencarnar e seu pedido foi atendido: ela voltou ao mundo físico. Rosa também melhorou e passou a nos ajudar na enfermaria. Depois de um bom tempo conseguiu falar de novo, foi para a escola estudar e continuou a trabalhar. Mais tarde, reencarnou como filha de sua antiga sinhá na tentativa de se reconciliarem e acabaram amigas.

Amava cada uma das abrigadas que atendia, e elas normalmente ficavam por algum tempo na enfermaria. Sempre que possível perguntava sobre a vida delas, não por curiosidade, mas por querer vê-las bem.

Muitas eram gratas, se esforçavam para melhorar, reconheciam seus erros e às vezes choravam de remorso. Essas logo estavam bem, e pediam para ficar na colônia por mais tempo para estudar e se preparar para a futura reencarnação. Algumas aceitavam contentes, outras não conseguiam ficar livres do remorso e queriam reencarnar para ter a bênção do esquecimento. Mas são muitas aquelas que desejam reencarnar, pedem, insistem, e têm de esperar. São atendidas conforme a sua necessidade. Não existe tempo certo para a reencarnação, existe uma média, mas todos os casos são estudados separadamente. Assim, uns voltam logo, outros demoram muito.

Havia as que se queixavam para nós, as enfermeiras, e para o doutor Antônio. Tentávamos, antes de tudo, ensinar-lhes que a queixa e a autopiedade não fazem bem a ninguém.

— *Doutor Antônio* — queixou-se uma senhora recolhida havia tempo na enfermaria —, *não tive escravos e estou sofrendo depois que meu corpo morreu. Confessava meus pecados e ia sempre à igreja. Não era para eu estar em condições melhores?*

E o médico respondeu, porque não deixava ninguém sem explicações:

— *Dona Filomena, a senhora não teve escravos por não ter tido condições para tê-los. Bem que gostaria de ter tido. Mas nossos problemas, ou de quem está aqui, não se devem somente à escravatura. Atos errados são bem diversos. Não basta pedir perdão, temos de reparar nossos erros. Quando pedimos perdão com sinceridade, este deve ser dirigido a quem ofendemos e, quando for pedido a Deus, deve ser com a convicção de que, se o tempo voltasse, não erraríamos, como também não erraremos novamente. Devemos estar cientes de que atos errados e acertos são plantações que dão frutos. Somos livres para fazer o que queremos, mas obrigados a arcar com as consequências. Então a senhora acha que deveria estar em condições melhores? Quero crer que seja para ajudar os outros, para trabalhar comigo e com a Cabocla.*

— *Melhorar para servir? Já trabalhei tanto encarnada! Pensei que descansaria pela eternidade.*

— *Então se queixa de quê?* — perguntou doutor Antônio. — *Não está descansando aqui? Está no leito, é servida, não faz nada de útil para si ou para os outros.*

— *Não é esse o descanso que almejava, que almejo...* — defendeu-se ela, abaixando a voz.

— *Minha filha* — o médico pacientemente tentou elucidá-la —, *enquanto quiser ser servida será certamente necessitada. Quando doamos de nós mesmos é que somos autossuficientes. Trabalhou muito quando encarnada? Será que foi assim mesmo? Você quer que a lembre de seus erros para que entenda que Deus é misericordioso com você?*

— *Não quero me lembrar de nada* — recusou ela.

— Dona Filomena, digo isso para que a senhora se esforce para melhorar, mas é necessário que modifique seus pensamentos, seja grata e queira ser útil. Aqui no Plano Espiritual não há lugar para ociosos. Não exija de outros o que a senhora pode fazer.

— É que pensei — resmungou ela — *que o senhor e Cabocla tinham a obrigação de fazer o que fazem.*

Doutor Antônio sorriu:

— Todos nós temos obrigação de aprender a ser bons, de fazer o bem, de trabalhar e de ser úteis. Todos nós! Se Cabocla e eu estamos servindo é porque entendemos que isso é bem melhor que ser servido, porque estão em condição de mendigos aqueles que querem somente receber.

Eu aproveitava as lições que aquele médico bondoso dava a cada uma delas. Ele, sabendo disso, deixava que eu escutasse. Assim, ia ao seu lado enquanto ele atendia as abrigadas da enfermaria.

— Doutor Antônio — pediu uma senhora ainda jovem —, *por favor, transfira-me deste lugar.*

— Por quê? — perguntou o médico.

— Sei que estou doente, tenho tuberculose, embora muitos digam que essa doença ingrata mata, estou melhorando a cada dia. Mas aqui estou junto de doentes mentais que dizem que seus corpos morreram... Não quero parecer ingrata, mas até as enfermeiras têm essas manias, são boazinhas, mas dizem que já fizeram essa passagem, coisas que não entendo e de que tenho medo. Não quero ficar junto de doentes mentais.

— Filha, julga-se mesmo viva num corpo carnal? — indagou o médico tranquilamente.

— *Claro que sim! Não morri, não vi Deus! Não fui julgada com as honras que cabem a uma religiosa. Fui freira e rezei muito. Nossa Senhora virá me receber quando eu morrer e me levará para o Céu* — ela estava realmente convicta.

— *Filha* — continuou doutor Antônio a esclarecê-la —, *será que não pode pensar que a morte é um pouco diferente do que acredita? Deus, nosso Pai, está presente em todos os lugares e dentro de cada um de nós. Nossa Senhora é um espírito sublime e não tenho conhecimento de que ela faça isso, porque cabe a cada um de nós fazer por merecer a desencarnação que poderá nos trazer alegrias e felicidades de imediato.*

— *O senhor também...* — choramingou ela.

— *Já tenho conversado com você, tentando fazê-la entender que desencarnou, e você, iludida, não quer compreender. Filha, seu corpo com tuberculose morreu, mas você sabe que a doença não foi a razão de sua morte. No terceiro aborto que você fez, a hemorragia pôs fim a sua vida material.*

A jovem senhora colocou as mãos nos ouvidos, evitando escutar. Doutor Antônio falava baixo, somente ela e eu, ao seu lado, escutávamos. Calmamente ele tirou as mãos dela de seu rosto e a encarou com ternura.

— *Eu confessei meus pecados, fui perdoada* — balbuciou.

— *Por quem?* — indagou doutor Antônio.

— *Pelo meu confessor* — respondeu ela.

— *E esses espíritos que iam reencarnar, os ofendidos, já lhes pediu perdão?*

— *Não, a alma só se une ao corpo quando ele nasce.*

— *Não, filha, na concepção já existe um espírito que teria a bênção da reencarnação. Você errou, foi orgulhosa, vaidosa, entrou para o convento sem vocação, porque, desiludida por amar um homem que teve de casar com outra, temeu ficar solteira. No convento decorou muitos ensinamentos, mas não os viveu. Esqueceu-se da caridade, preferiu a luxúria. Grávida, optou pelo aborto, tomou remédios de ervas conhecidos de muitas mulheres e que seu confessor sabia utilizar. Filha, estou lhe dizendo isso para que reflita sobre a bondade de Deus, que a ama como a todos nós. Você teve o corpo físico morto há anos, não se iluda mais. Recorde! Vagou pelo convento por muito tempo, depois veio para cá, e sua melhora tem sido lenta porque teima em não aceitar a verdade, quer ficar iludida, julgando-se encarnada e isentando-se de erros. Errar é humano. O que importa é que, reconhecendo os erros, passemos a repará-los. Não se envergonhe! Se decorou o Evangelho, convido-a a praticá-lo. Aceite seu estado de desencarnada para que possa melhorar e viver como uma!*

A jovem senhora abaixou a cabeça, pensativa, e depois dessa conversa foi melhorando e aceitou seu estado de desencarnada. Um dia me disse:

— *Cabocla, errei muito e quero pedir perdão para aqueles a quem ofendi. É que não queria ter morrido. Queria tanto ser superiora e mandar naquele convento! Mas agora começo a pensar que foi melhor para mim ter desencarnado sem ter conseguido isso. Vou seguir seus conselhos e os de doutor Antônio.*

Quando se quer, se consegue. Ela melhorou, foi transferida e logo estava trabalhando de enfermeira, como eu, numa ala do hospital. Não esqueceu o que fez nem o muito que sofreu, mas isso para ela era motivo de incentivo, muito errou, muito tinha que fazer para reparar.

Logo que fui trabalhar na enfermaria, não sabia responder às queixas ou exigências. Doutor Antônio, bondosamente, me instruiu:

— *Cabocla, você deve responder aos queixumes delas, é preciso que as orientemos com caridade e firmeza, porque se aceitarmos suas lamúrias estaremos concordando com esse procedimento. Necessitam entender que não estão agindo certo e dar valor ao trabalho alheio, que a ajuda que recebem é um esforço de outrem e que todo trabalho deve ser respeitado.*

Desse modo aprendi a lidar com as diversas questões que surgiam dia a dia na enfermaria.

Honorina estava sempre resmungando:

— *Você demorou, Cabocla, quero água!*

— *A água está perto de sua cama, na mesinha de cabeceira, por que não pegou?*

Parecia que não me ouvia e continuava falando:

— *Nada aqui funciona direito. Dizem que é somente pedir socorro para ser socorrida. Estava no umbral sofrendo demais; arrependida do que fiz, pedi socorro e fui auxiliada três dias depois.*

— *Honorina* — elucidei-a —, *você acha que é possível ter vinte e quatro horas por dia um socorrista à disposição de cada um dos que estão sofrendo? Aqui, por imprudência de tantos, há muito o que fazer. A seara é grande, os necessitados são muitos e poucos os trabalhadores. Isso que falou, que ao pedir socorro ele vem, não quer dizer que seja de imediato. Os socorristas no umbral obedecem a uma escala, vão a alguns lugares determinados a cada dia e lá socorrem os que pedem auxílio, sem ser necessariamente a primeira vez. Há lugares, buracos, aos quais vão uma vez por mês. Você acha pouco? Por que não vai ser socorrista, aí talvez o serviço ande mais rápido, porque são poucos, querida, os que querem trabalhar nas zonas inferiores.*

Podem pensar que respondi de modo rude, mas certas pessoas só entendem assim. Não era porque foram socorridas que se livraram de seus vícios, muitas ainda não entendiam os atos errados que praticaram, nem as consequências deles. Teriam de se educar, de se modificar ou tentar fazê-lo, como eu estava tentando. Se não respondia a algumas de forma mais enérgica, me omitia de ensiná-las a respeitar quem pelo trabalho as auxiliava.

— *Eles não fazem seu trabalho com prazer?* — indagou.

— *Fazem, como faço o meu. Precisamos aprender a ser úteis, porque aquele que não o é perde a oportunidade de servir. E quem não trabalha não deve reclamar do serviço alheio. Mas você deve pensar seriamente em melhorar e ir trabalhar no umbral.*

— *Deus me livre!* — exclamou ela. — *Não quero voltar lá nem como socorrista. Quando me sentir bem, quero algo mais prazeroso.*

— *Trabalhar nas enfermarias?* — perguntei.

— *Também não! Acho que quero algo mais... digo, menos braçal. Administrar algo.*

— *Sabe fazer isso? Administrar?* — indaguei. — *Nossos administradores normalmente já passaram por todos os trabalhos, quem administra tem de saber fazer.*

— *Hum!...* — respondia e mudava de assunto.

Honorina demorou para melhorar. Doutor Antônio tentou fazê-la entender que necessitava fazer alguma tarefa, estudar, mas ela achava defeito em tudo e recusava o que lhe era oferecido. Como o Plano Espiritual, na esfera em que estávamos, que abrange postos de auxílio e colônias, não abriga por muito tempo ociosos, Honorina foi convidada a reencarnar. E o fez como negra e escrava numa fazenda onde teria de trabalhar. Esperávamos que deixasse de ser ociosa, porque a preguiça é um grande obstáculo ao progresso.

Comecei trabalhando seis horas, depois de algum tempo passei a oito horas. Nas outras oito horas quem cuidava daquela enfermaria era Pitu, e as oito horas restantes eram deixadas para repouso, somente havia atendimento de emergência. O número de leitos varia dentro do mesmo hospital e também nas colônias. Nossa enfermaria contava com sessenta leitos, às vezes estavam todos ocupados, outras não. O trabalho era intenso. Pitu foi negra e escrava, era muito bondosa e competente.

— *Doutor Antônio* — reclamou Ambrósia —, *não quero ser atendida por negra ou índia. Será que o senhor não poderia enviar uma branca para ser nossa enfermeira? Não gosto de pessoas de "cor" e não confio nelas...*

— *Não, senhora, não dá, porque Pitu e Cabocla são iguais a você, apenas tiveram a cor da pele e a aparência física diferentes da sua na última encarnação. Aqui não é lugar de racismo.*

— *Doutor Antônio, não quis ofender ninguém. É que eu, sendo branca e rica, devo ser atendida...*

— *Filha, aprenda de uma vez que reencarnamos ora num corpo negro, ora num branco ou amarelo para aprendermos a amar todas as raças. Há pessoas boas ou ruins em todas elas. Você, na última, foi branca; e na penúltima? Já lhe passou pela cabeça que foi negra? Vamos lembrar?*

Doutor Antônio a olhou fixamente, ajudando-a a recordar, e Ambrósia conseguiu lembrar.

— Não, não e não! Fui negra! Recordo! Negra suja e fedida da senzala. Como foi triste! Não gostei de ter sido assim. Prefiro esquecer... Agora sou branca...

— Ambrósia — disse doutor Antônio carinhosamente —, *se já foi negra, não renegue as pessoas que são ou serão. Aprenda a querê-las pelo que têm de bom. Você deveria pedir desculpa à Pitu e à Cabocla e se esforçar para amar todas as pessoas sem distinção.*

Ambrósia ficou triste e pensativa e fez um esforço para entender a si mesma. Conseguindo, passou a ajudar as companheiras, e logo tornou-se nossa ajudante.

Isso estava sempre ocorrendo, e para esses casos doutor Antônio dava bônus-hora[2] que podiam ser usados na colônia. E, ao receber o seu, Ambrósia aproximou-se de mim e me deu uma flor.

— Cabocla, você me desculpa?

Abracei-a em resposta.

— Estou contente por você ter melhorado — respondi.

Depois foi a vez de se desculpar com Pitu.

— Pitu, devo desculpas a você. Aceite o meu bônus-hora como presente. É meu, doutor Antônio me deu dizendo que mereci. Dou a você algo que conquistei. Seja minha amiga!

Pitu chorou emocionada.

— Que tal me dar um abraço?

Abraçaram-se .

— Bem — convidou Pitu —, *queria ir ao teatro com esse bônus-hora, mas estou sem companhia. Que tal, Ambrósia, você ir comigo?*

---

2 N.A.E.. Segundo o Espírito André Luiz, em *Nosso Lar*, psicografado por Francisco Cândido Xavier, bônus-hora é moeda simbólica, a remuneração do trabalhador de algumas colônias espirituais.

— *Claro que vou!*

Doutor Antônio, ao saber, sorriu contente.

— *Vou transferir Ambrósia, está apta a morar na colônia. Quando teve de se virar, aprendeu e, melhor, passou a ajudar as companheiras. Isso foi bom para ela.*

E foi questão de tempo, logo Ambrósia estava trabalhando nas enfermarias. Ela e Pitu tornaram-se amigas, e esta a convidou para morarem juntas.

Aprendi tanto trabalhando nas enfermarias! Como é complexo o ser humano! Muitos exigem, pensando ter direitos, esquecendo os deveres que julgam ser somente dos outros! E todos nós devemos nos esforçar para sermos bons, não exigir dos outros, mas sim de nós mesmos, e deixar de querer somente receber, passar a doar sem esperar crédito, porque a vida é atividade. Aqueles que estacionam prejudicam a si mesmos.

Outra atividade me esperava, e fui realizá-la contente e grata pela oportunidade de aprender trabalhando.

FUI ESCRAVOCRATA

Estava sempre escutando amigos falarem de suas outras existências, de suas encarnações anteriores. Eu não tinha curiosidade. O que havia sido não me importava, mas apenas o que poderia ser e o que seria no futuro. Era a única de nossa casa que não sabia do passado. Embora tivesse alguns lances de recordações, não dava importância. Depois de anos na colônia, resolvi assistir a algumas palestras sobre o assunto.

Fazemos parte do passado, ele está em nós e dele não podemos fugir. Podemos ignorá-lo, mas tudo o que vivemos está registrado em nossa memória espiritual. Sei que para muitos essas lembranças devem vir no tempo certo e elas nos servem de incentivo para melhorarmos. E recordamos de várias maneiras: sozinhos, caso estejamos aptos para isso, ou com a ajuda de pessoas especializadas.

Numa dessas palestras sentou-se ao meu lado Maria dos Anjos, uma senhora que prestou muita atenção a tudo o que foi dito. Saímos comentando sobre o assunto e ela me disse:

— *Cabocla, não quero lembrar minhas encarnações anteriores. Para mim bastam as recordações desta, que já me doem muito.*

Percebendo que ela queria falar, convidei-a para nos sentarmos num banco do jardim. Maria dos Anjos pôs-se a contar sua história:

— *Obrigada por querer me escutar, contar minha vida a alguém me aliviará. Fui a terceira filha de um casal de comerciantes de uma cidade pitoresca de Portugal. Desde pequena dei muito trabalho, sempre fui exigente e gastadeira. Mocinha, quase levei meus pais à falência, fazia muitas compras, gostava de vestidos caros e de me exibir. Numa briga mais violenta com meu pai, saí do meu lar e fui para a casa de uma tia em uma cidade maior. Minha tia deixou claro que não estava gostando de me hospedar, mas não liguei. Tinha um plano: casar com um homem rico, e a ocasião chegou. Conheci, numa festa, um senhor bem mais velho que eu e fazia dezessete anos que ele morava no Brasil. Dono de terras, fora a Portugal querendo se casar. Tudo fiz para conquistá-lo. Minha tia preocupou-se: "Maria dos Anjos, não se case, você não sabe quem é ele e não será fácil viver na colônia portuguesa na América. Lá é muito primitivo!". Não quis saber de opiniões ou conselhos. Disse a ele que meus pais haviam morrido e um mês depois de nosso primeiro encontro casamos. Vim para o Brasil toda esperançosa. Ficamos dias no Rio de Janeiro, achei linda a cidade, mas a sociedade não era parecida com a de Portugal. Decepcionei-me ao ver a fazenda. Achei-a horrível e vivia resmungando. Nunca mais quis saber de meus pais nem dos meus parentes. Mesmo tendo um marido rico, nunca pensei em ajudá-los. Para meu desespero, fiquei grávida e tive três filhos em curto espaço de tempo. Ia muito para nossa casa na cidadezinha perto da fazenda, sempre na esperança de viajar para a Europa, viagem essa que meu esposo tinha prometido e que estava sempre adiando.*

"Uma vez, estando na cidade, um vendedor ambulante veio até minha casa vendendo quinquilharias. Achei-o lindo. Voltou outras vezes, resolvi ir embora com ele, sair em aventura pelo mundo. Fugi de madrugada, deixando marido e filhos para nunca mais saber deles. No começo o gosto da aventura me deixou contente, depois vi que nada valia a pena. Tínhamos pouco dinheiro, e todos os lugares, para mim, eram cidadezinhas. Tive uma filha que deixei à porta de uma casa. Depois aprendi a fazer um chá abortivo e quando achava que estava grávida o tomava. Também o fazia para vender. Vivi anos viajando de um lado a outro, mas envelheci, e um dia despertei e não encontrei mais meu amante, ele havia partido sem mim. Arrumei um emprego na taberna e passei a beber em demasia. Desencarnei numa manhã fria, de um ataque do coração. Sofri muito no umbral, até que, cansada, quis melhorar. Fui socorrida e aqui estou, me esforçando para modificar-me. Você não acha, Cabocla, que não preciso de mais recordações, que já tenho muitas?"

Sorri, compreendendo-a. Ela continuou a contar:

— *Não dei valor à família. Meus pais tanto sofreram por mim, por minha atitude, que quase os levei à ruína. Nunca escrevi uma carta a eles. Abandonei meus filhos, um marido honesto que tudo fazia para dar o que eu exigia. Ele não foi atrás de mim, resolveu criar os filhos sozinho. Depois de algum tempo casou-se novamente. Eles sentiam meu abandono, principalmente os filhos, que tiveram muita vergonha de minha atitude. E a filha que abandonei não ficou na casa rica onde a larguei, os moradores não a quiseram, e outro casal, pobre, a criou. Voltarei a reencarnar assim que me for permitido e não terei família, na tentativa de aprender a dar valor a uma. Certamente sofrerei o abandono dos pais, aos quais não dei valor na última encarnação, não terei lar nem a bênção de ser mãe.*

— *Sente-se forte para tudo isso?* — indaguei. — *Tem certeza de que tem necessidade de passar por tudo isso?*

— *Mereço outra coisa? Não, Cabocla, não mereço, tenho consciência de meus erros. Não aprendi por amor, mas quero aprender e, me conhecendo, acho que a dor me levará a compreender muitas coisas.*

Despedimo-nos, já era tarde e tínhamos nossos compromissos. Fiquei pensando em Maria dos Anjos. Ela certamente sabia mais que ninguém o que seria melhor para ela. Temia fracassar novamente se não tivesse sérias dificuldades. Tomara que ela, ao passar por tudo o que planejou, não se revolte, porque muitos, esquecendo-se de que foram eles mesmos que planejaram as dificuldades, revoltam-se, piorando a situação.

Numa tarde conversava com Manu no jardim de nossa casa, tinha algumas horas livres e meu filho voltaria logo ao trabalho. Estava muito contente por ele, tinha recebido um cargo de instrutor em uma parte do hospital. Segurando minha mão, ele falou emocionado:

— *Sou muito grato! Profundamente grato a Deus, a todos os que têm me ajudado e à oportunidade de voltar ao corpo físico muitas vezes.*

— *Manu, você não teve rancor do feitor que o castigou?* — indaguei, lembrando-o de sua desencarnação.

— Não tive rancor dele, senti mais por ele tê-la machucado. Já o perdoei, embora ele não me tenha pedido perdão. Desencarnou e vaga pelo umbral, sofrendo muito. Já tentei ajudá-lo por diversas vezes, mas ele não aceita meu auxílio. Odeia a todos. Sei, porém, que chegará um dia em que compreenderá a gravidade de seus erros e que seu sofrimento não lhe foi imposto, é a consequência de seus atos.

— Filho, você sabe o que fez no passado para nascer como escravo? Para passar por essa lição tão difícil? — perguntei.

— Difícil? Não, mamãe, não vejo minha vida assim. Foi uma prova para a qual me sentia apto, reencarnei e saí vitorioso e contente por ter conseguido. Infelizmente não posso dizer isso das minhas outras encarnações. Tenho me esforçado nas últimas e melhorado. Antes de reencarnar como Manu, na minha penúltima encarnação, me preparei porque queria ir para o Brasil e lutar contra a escravidão, tornar a vida dos escravos no Brasil mais humana. E, por isso, resolvi ser padre. Com o poder que tinha a Igreja seria mais fácil realizar o que planejei. E assim foi, reencarnei em Portugal, fui para um convento e depois segui para o Brasil, para morar perto de um tio que também exercia o sacerdócio e que havia tempo estava no Brasil.

"Logo que cheguei me escandalizei com o modo de vida dos escravos. Gostei do meu tio e o admirei, era um sacerdote sério e inteligente, que me tratou como filho. Passei a ajudá-lo em sua paróquia, que era numa cidade que prosperava.

Mas ele pensava, acreditava mesmo, que negro não tinha alma, que eram seres inferiores, animais para servir aos brancos. Não era errado tê-los, porém, piedoso, não gostava que maltratassem eles. 'Todos os animais úteis devem ser bem tratados', dizia. 'Mas é permitido castigá-los quando merecerem.'

Não pensava como ele, mas, como admirava sua sabedoria, seus conhecimentos, acabei acatando suas ideias. Não fiz o que planejei, fui um sacerdote que procurou confortar, ajudar os brancos. Desencarnei jovem por causa de uma febre dos países tropicais. Não vaguei, fui socorrido por espíritos que foram negros escravos, que bondosamente me levaram para um posto de socorro. Então entendi quanto errara e chorei muito. Deixei de fazer algo. Quem pode e não faz cria débitos que geram sofrimentos, e eu sofri mesmo após receber socorro. Pedi para reencarnar negro e escravo para aprender que somos todos irmãos e aprendi. Também queria provar a mim mesmo que era capaz de receber uma ofensa e perdoar."

— *Provar a si mesmo que sabe perdoar...* — murmurei.

Manu sorriu com seu jeito agradável e respondeu dando-me uma preciosa lição:

— *Muitos se esquecem de que nosso planeta, nosso querido e abençoado lar terreno, é também de provas. Tanto assim que escutamos sempre: "está sofrendo pelo seu carma negativo". Mas há também provas... É como os viciados em tabaco que dizem: "vou parar de fumar", mas somente vencem o vício quando o abandonam por anos. Aquele que nunca foi viciado em tabaco não precisa provar que é capaz de ficar sem fumar. Aquele que sempre perdoou não precisa provar que é capaz de fazê-lo, nunca deixou de fazer. Tenho um amigo que quis passar pela prova de estar doente, sentir muitas dores e não se revoltar, não blasfemar contra Deus, fato que já lhe havia acontecido. Passou e venceu, sente-se um vitorioso, venceu em si algo que tinha como vício: revoltar-se diante de seu sofrimento. Também sei de um senhor, que no momento está encarnado, que é um trabalhador no seu serviço material e incansável no trabalho do bem. É doente; para muitos, enfermo a ponto de não fazer nada, outros dizem que sofre pelo seu carma negativo. Mas não, é prova que ele escolheu, trabalha com deficiência e doente. Seu protetor nos disse que ele anteriormente já usou de doenças fictícias para não trabalhar, agora sofre com as doenças que inventou anteriormente. Há um abrigado no hospital que quer reencarnar e pedir como prova ser cego, porque acha que com essa deficiência provará ser capaz de fazer muitas coisas úteis e ajudar outros que tenham a mesma dificuldade que ele. Não sei se isso lhe será permitido, porque existe a possibilidade de ele se revoltar se não estiver ou se não se sentir preparado para isso. É sempre estudado cada caso.*

Manu fez um pequeno intervalo e continuou:

— *A senhora, trabalhando na enfermaria, sabe que muitos dizem: "perdoo", mas, diante de uma circunstância em que se torne vítima, perdoarão ou não? Sabemos realmente perdoar? Eu necessitava passar por essa prova. Desencarnei injustamente sob tortura e em nenhum momento senti ódio. Perdoei de coração o senhor Lisberto, desejando-lhe o bem, tanto que já quis ajudá-lo. Um dia conseguirei, porque o amo como a um irmão e vejo nele um necessitado. Estamos quase sempre querendo provar algo a nós mesmos: provar que vencemos um vício, que realmente adquirimos virtudes. Meu próximo objetivo é reencarnar e provar para mim que farei o bem sem exigir nada, nem agradecimento, nem crédito. Fazer por amor!*

Manu despediu-se me beijando. Fiquei sozinha no nosso pequeno jardim, pensando no que meu filho disse, e as lembranças vieram. Foram tão fortes que senti como se as estivesse revivendo.

Vi-me em trajes longos e pretos. Fui um sacerdote. Desde pequeno queria ser padre. Nasci em Portugal, numa família de classe média muito religiosa, que se alegrou com minha vocação.

Depois de um tempo que já era padre fui para o Brasil a mando da congregação.

Em terras brasileiras, na época colônia de Portugal, me escandalizei com os índios. Achei-os preguiçosos, sujos e despudorados. Analisei-os e concluí, sem duvidar, que índios não tinham alma e que não serviam para nada. Mesmo vitimados por doenças oriundas dos brancos, que os levavam à morte, não me apiedava deles, mas até os ajudei, certa vez, a ir para o interior, para as matas fechadas.

Havia escravidão. Acatei-a, pois acreditava que negros também não tinham alma, como dizia a Igreja. Sem alma, eram animais, talvez mais aperfeiçoados, para servir os brancos. E nós, brancos, seus superiores, tínhamos necessidade deles para fazer da Colônia um grande país. Amei essas terras assim que cheguei e tratei de ser um bom padre. No meu tempo livre sempre lia e estudava livros que trouxera comigo de Portugal.

Uma vez, uma negra veio me pedir ajuda. Ela estava grávida, a criança era filha de seu sinhô, e a sinhá prometera mandar a criança para longe logo que nascesse. Ela chorou.

“Estranho”, pensei, “tem sentimentos, é negra e mulher... Mas os animais também gostam e cuidam com carinho de suas crias...”

Tive dó e a ajudei, fiz a sinhá vendê-la a uma senhora que morava longe e que era boa para os escravos. Lá não iria se separar de seu filho. Ela me agradeceu chorando. Confesso que esse episódio me abalou, mas logo voltei a crer na Igreja. Deus é justo, não ia fazer uma pessoa com alma ser escrava para viver somente uma vez na Terra. Não tem alma e pronto! Achava que todos os animais tinham de ser bem tratados, mas que não era pecado matá-los se assim fosse preciso. Não falava essas ideias abertamente, porque temia abusos, somente para os que me indagavam, mas sempre frisava: "Trate bem seus animais, pois eles são mais úteis bem tratados e alimentados".

Achava também que a mulher não tinha alma. Preferia pensar como os membros antigos da Igreja; embora em concílio já se houvesse afirmado que o sexo feminino a possuía, eu preferia crer que não. Era outro ser inferior que viera ao mundo somente para servir aos homens.

Embora pensasse errado, tentava ser bom sacerdote. Segui os mandamentos da Igreja, não tive vícios, nem amantes, não fiz nada que a Igreja pudesse condenar. Fui um excelente membro da congregação. Quando meu sobrinho, que também era padre, veio ficar comigo, achando-o sonhador, tudo fiz para que mudasse e acatasse minhas ideias.

Ele desencarnou vítima de uma febre tropical, senti muito. Já velho, fiquei doente por muito tempo, sendo bem cuidado por mulheres piedosas que gostavam de mim. Um dia, uma delas me disse:

— O senhor sempre diz que mulher não tem alma. Acho que não tenho mesmo. Vim ao mundo para sofrer, não devo ser filha de Deus. Pensando assim, cometi alguns pecados, mas que me importa? Se não tenho alma, quando morrer irei acabar. Talvez seja melhor mesmo, senão poderia ir para o inferno.

Não sei bem por que chorei ao escutar aquilo, e, pela primeira vez, cogitei que poderia estar equivocado.

Lembrei-me de Maria, mãe de Jesus. Talvez somente ela tivesse alma, para que Jesus nascesse. Era um fato especial? Preferi não pensar nisso, mas passei a fazê-lo. Comecei a chorar, tristonho. Poderia ter passado toda a minha vida erradamente. E comecei a pedir a Deus:

— Deus Pai, se errei me perdoe, se errei...

Não sabia se errara ou não, fiquei em conflito e sofri muito mais com isso do que com as dores do corpo enfermo. Desencarnei, dormi para acordar num outro leito, em um lugar estranho, e ao meu lado meu sobrinho me dava as boas-vindas.

— *Tio, como está?* — perguntou ele com carinho.

— *Estava errado? Diga-me, estive errado?* — indaguei aflito.

— *Sim, titio, estivemos errados...* — respondeu ele.

Chorei muito.

Não fiquei muito tempo no Plano Espiritual, me foi dada a bênção de logo reencarnar. Aí fui Jussara, mulher, filha de índia e escrava. As recordações findaram e eu fiquei chorando.

— *Mamãe, eu te amo!* — Manu me abraçou tentando me consolar.

— *Você foi meu sobrinho, fiz mal a você. Por que voltou, não ia trabalhar?*

— *Estive preocupado com a senhora, deixei uma colega no meu lugar e voltei para vê-la.*

— *Fui a causa do sofrimento de muitos...*

— *Mamãe* — disse Manu carinhosamente —, *não se lamente assim! Escutamos a quem queremos, eu era livre para acatar suas ideias ou não. Para mim foi mais cômodo escutá-las que atender à minha consciência. Se seguisse meus planos teria mais trabalho, seria muito mais difícil ser abolicionista, optei pelo mais fácil.*

— *Como é perigoso incutir nas pessoas ideias erradas. Fui um escravocrata! Um fariseu, sobre quem Jesus advertiu: "Ai daquele que não entra no reino de Deus e impede que outros o façam".*

— *Mamãe, eu tinha o Evangelho, os ensinamentos de Jesus e deveria tê-los como meta. Não fiz isso. A culpa foi minha* — concluiu Manu.

Enxuguei as lágrimas do meu rosto e lastimei suspirando:

— *Você está sendo bondoso me isentando dos erros.*

— *Não estou dizendo que não teve culpa, somos, a senhora e eu, culpados! Sou responsável por minha parcela e não quero jogar a falta que me cabe aos outros.*

— *Achava o índio selvagem, um animal indomável e ocioso que não deveria existir e fui filha de uma...* — lamentei.

— *Mas compreendeu que o índio é um espírito encarnado que começa a ter noções do progresso, que os brancos deveriam amá-lo, respeitá-lo e ajudá-lo a progredir no bem. Não chore mais, mamãe, lembre-se de sua última encarnação* — meu filho me consolou passando as mãos com muito carinho pelos meus cabelos. — *Você sofreu, recebeu por filhos as pessoas que mais influenciou. Para impedir que eu fosse castigado foi machucada, desencarnou para que os outros conseguissem a liberdade. Foi uma mãe dedicada, uma pessoa bondosa e sofreu sem se revoltar.*

Recomecei a chorar, Manu deixou que eu desabafasse. Como os erros nos pesam, mesmo já havendo colhido de sua plantação. Senti que não bastava tê-los expiado, era necessário ajudar aqueles que erraram pela minha insensatez.

— *Ainda bem que não dizia minhas ideias a todos, temia abusos!* — exclamei.

— *Sim, temia que os escravos, que julgava serem pobres animais, fossem mais castigados.*

— *Manu, perdoe-me!* — pedi.

— *Por favor, mamãe, não me peça perdão, não tenho nada a lhe perdoar. Mas, se isso a tranquiliza, perdoo, e mais, amo-a!*

— *Obrigada!*

Passei uns dias triste, mas tristeza não paga dívidas. Embora eu as tenha pagado pela dor, quis construir pelo amor. Fui ao Departamento de Auxílio e pedi:

— *Quero ajudar aqueles que prejudiquei!*

— *Jussara* — esclareceu bondosamente a atendente —, *certamente terá ocasião de ajudar os que acha ter prejudicado. Mas nem sempre quem prejudicamos carece de nossa ajuda. Pelo que sei, ninguém a culpou ou deixou de perdoá-la. Talvez um dia possa caminhar com algum deles e aí poderão ser companheiros de jornada, como já aconteceu com muitos na sua última encarnação.*

— *Tem razão* — compreendi. — *Vou continuar fazendo o que me compete, quero me fazer apta para ser útil com sabedoria.*

"Quando reencarnar", pensei, *"quero provar a mim mesma que serei capaz de amar a todos igualmente".*

— *Será, Jussara* — disse a atendente, lendo meus pensamentos —, *que já não o fez? Dessa vez não amou negros, brancos e índios igualmente?*

Sorri e agradeci.

Entendi que para recordar o passado a pessoa necessita estar amadurecida, embora cada um sinta de modo diferente ao fazê-lo. Manu não se abalou ao recordar; eu sofri, não queria ter agido assim. E certamente não agiria desse modo novamente.

Continuei fazendo o que me era designado com mais amor.

ACONTECIMENTOS NO QUILOMBO

Aprendi muito estudando e fixei o aprendizado colocando em prática aquilo que aprendia. Passei por diversos trabalhos, mas sempre acompanhava o que acontecia com meus filhos no quilombo e com meus amigos na fazenda.

No quilombo eles viviam livres mas miseravelmente. Faltava-lhes tudo, inclusive roupas e alimentos. O lugar era muito alto, frio e nem tudo o que plantavam dava boa colheita. Desencarnavam por diversas doenças, principalmente as crianças. Meu filho, Tonho, ficou solteiro, lá havia mais homens que mulheres, ele não se apaixonou por ninguém. Além disso, não queria deixar filhos para viver miseravelmente ou como escravos e se preocupava com os sobrinhos. Era bondoso, leal e honesto, estava sempre tentando ajudar os companheiros. Adoeceu, tinha muita febre por causa de uma infecção, delirava e me viu. Tive permissão, ao saber de sua enfermidade, para ficar ao seu lado. Desencarnou e pude socorrê-lo. Ele foi conosco para a colônia, onde se adaptou rápido, maravilhado com o Plano Espiritual. Logo estava ajudando e trabalhando, grato pela felicidade que estava desfrutando. Pude acompanhá-lo nos primeiros tempos na colônia e ensinar-lhe muitas coisas.

— *Mamãe, como sou feliz aqui! Que lugar maravilhoso! É tão agradável não sentir mais frio!*

E ficou morando conosco em nossa casa. Estava sempre sorrindo, e nós carinhosamente o chamávamos de Tonho Feliz.

Tobi teve vários filhos, alguns deles desencarnaram ao nascer ou em tenra idade. Tobi vivia bem com o esposo Dito, os dois se amavam muito.

Já estavam há dezesseis anos no quilombo quando este foi invadido por capitães do mato, homens pagos para capturar escravos fujões. Atacaram de surpresa. Foi um massacre entristecedor.

Estava na colônia, em casa, quando ouvi os apelos desesperados de Tobi. Tonho e eu pedimos em pensamento permissão, que nos foi dada, para ir até o quilombo; volitamos e lá chegamos em instantes, e vimos tudo o que estava acontecendo.

Os capitães do mato renderam todos com facilidade, estavam muito armados. Mataram os idosos, eram apenas quatro, e as crianças pequenas. Assassinaram-nos sem piedade. É que havia alguns anos estava em vigor a Lei do Ventre Livre, e negros libertos não os interessavam.

Jussara, minha neta, tinha casado com Tião, mocinho bom que muito a amava, e eles tinham um filhinho de dois meses. Mataram a criança no leito, diante da mãe, que ficou horrorizada, parada, olhando imóvel.

Ela era bonita, herdara de mim os cabelos lisos e os traços de meu pai, seu bisavô. Um dos invasores, o que havia matado seu filhinho, olhou-a com cobiça e quis violentá-la. Tobi interferiu querendo defender a filha e foi morta. O invasor assassinou-a enfiando em seu peito um facão. Dito, que veio atrás de Tobi, ao ver a cena, pegou um pedaço de pau, golpeou o assassino várias vezes na cabeça e o matou. Outro invasor atirou em Dito, que também desencarnou.

Como é triste ver cenas de violência! Tonho pediu ajuda e um grupo de socorristas veio ter conosco, entre eles estavam alguns ex-escravos e puseram-se a trabalhar calados, concentrados em prece, ajudando como podiam. Desligaram os que haviam desencarnado, mas nem todos puderam ser socorridos.

— *Meu Deus! Meu Deus!* — escutava-se muito. Eu mesma o repeti várias vezes, tentando me equilibrar diante de cenas tão chocantes.

Os invasores prenderam os sobreviventes em duas cabanas. Medicaram os feridos leves, e os mais machucados foram mortos.

— Estes não aguentam descer a montanha, é melhor que fiquem aqui e mortos. Não vamos lhes dar o luxo de ser enterrados, deixem para os urubus comerem — decidiu o chefe deles.

Planejaram passar a noite ali e partir no outro dia, logo que o sol nascesse.

Muitos eram os negros mortos. Haviam tentado bravamente lutar, mas não foi possível vencer os capitães do mato armados e dispostos a matar.

Nossos amigos presos ficaram amontoados nas duas cabanas, tentando saber quem estava vivo. Sofriam muito, e alguns choravam, outros pareciam apáticos, estremecidos com tanta dor. Eu os amava como se fossem de minha família, tive muita pena deles e tentei confortá-los. Também me apiedei dos invasores, teriam sem dúvida a reação dessa ação. Porém, senti certo rancor. Por que tanta maldade? Como a crueldade faz mal! Para quem recebe é doloroso, e para quem faz é terrível. Creio que a crueldade é um dos mais pesados fardos que se carrega.

"Ainda tenho muito que aprender", pensei. *"Não os odeio, mas agora também não consigo amá-los. E acho certo que a colheita deles seja dolorosa."*

Um dos socorristas me abraçou e confortou:

— *Cabocla, já pensou que essas cenas tristes são colheita também? Que as vítimas podem ter sido carrascos anteriormente?*

Compreendi que ele tinha razão e tratei de ser útil.

Até os dois capitães do mato foram desligados e também receberam, como todos, os primeiros socorros. A mãe desencarnada de um deles o levou para outro local, até que sua perturbação melhorasse, porque ele não tinha condições para ser levado a um local de auxílio. Por suas ações maldosas ia vagar ou seguir para o umbral até que se arrependesse e quisesse se modificar para melhor. O segundo, que meu genro golpeou, ficou horas por ali sem entender que seu corpo falecera. Um grupo de vingadores, seus inimigos desencarnados, o pegou e com ódio o levou para o umbral.

Tobi ficou abraçada ao seu netinho, os dois adormeceram tranquilamente. Meu genro estava inquieto, matou um homem, não tivera intenção, e essa ação pesava muito para ele. Atacou-o por desespero, querendo defender a família que tanto amava.

Foi acalmado por um socorrista e demorou para adormecer. Quando estavam todos desligados e adormecidos, foram separados os que tinham merecimento de ser levados para a colônia. Todas as crianças foram. Alguns negros que desencarnaram com ódio seriam levados para um posto de socorro perto do umbral. Seriam orientados, ficariam aqueles que perdoassem e aceitassem o socorro e aqueles que planejassem melhorar, senão poderiam sair e ir para onde quisessem.

Procurei saber deles mais tarde. Três não quiseram ficar no posto, saíram para se vingar.

Depois que todos partiram, tive permissão para ficar com o grupo de encarnados que estava preso, na tentativa de ajudá-los. Meus entes queridos desencarnados iriam demorar para acordar, e Manu ia cuidar deles.

A noite para os prisioneiros foi angustiante, temiam, choravam, todos ali tinham alguém morto, um membro da família ou amigos, e nem podiam enterrá-los. Pela manhã foram amarrados uns aos outros com cordas pelos punhos e tornozelos e foi dada a ordem:

— Vamos, negros, descer a montanha. Voltarão à escravidão da qual nunca deveriam ter fugido!

Partiram tristes, cabisbaixos, muitos nem quiseram olhar pela última vez para suas casinhas ou para os mortos que estavam jogados nos mesmos lugares em que caíram sem vida.

Tião, o esposo de Jussara, minha neta, a abraçou, querendo protegê-la. Esta não mais falou, não chorava, estava apática e alheia. Ele deu um último olhar para o lugar que sempre teve por lar, suspirou, e lágrimas escorreram pelo rosto. Tião veio pequeno, com o pai e um irmão, fugido de uma fazenda. A mãe morrera antes da fuga, e o pai, tempos depois, no quilombo, quando foi ferido numa queda, e o irmão estava entre os mortos, ali jogado. Sua dor foi grande, parecia que ia lhe arrebentar o peito.

Medo e incerteza dominavam a todos, mas um tentava ajudar o outro. Desceram a montanha entre gozações e ameaças daqueles homens rudes.

Mas alguns moradores do quilombo escaparam na hora da invasão, estavam nas plantações e se esconderam. Passaram a noite ao relento, sentindo muito frio. Voltaram quando viram que todos desceram a montanha. Eram nove homens e três mulheres, entre eles um neto meu. Desesperaram-se, choraram, tentei consolá-los e instruí-los. Um deles, mais velho, resolveu assumir o controle e aclamou alto:

— Não adianta ficarmos em desespero. Vamos enterrar nossos mortos, jogar os dois assassinos no precipício. Vamos ao trabalho, que todos estejam enterrados antes do anoitecer.

Entristecidos, trataram de fazer o que fora ordenado. Enterraram todos e à tardinha se reuniram, estavam cansados e muito tristes. E um deles, que estava mais equilibrado, determinou:

— Não vamos acender fogo por uns três dias, talvez voltem se perceberem que tem gente por aqui. Vamos ficar todos juntos numa casinha, um ajudará a aquecer o outro.

Havia pouco alimento, os capitães do mato levaram tudo o que estava armazenado. No outro dia começaram a se organizar e a repartir o que sobrou.

Três dias depois, um deles desencarnou, havia tomado muita friagem e adoeceu. Fraco, triste, seu corpo físico morreu e pudemos socorrê-lo.

Ficaram onze e fizeram um trato, iam viver como irmãos, não queriam procriar, ter filhos. Temiam outra invasão e não queriam seus rebentos mortos como as outras crianças dali.

Sempre ia visitá-los, por anos assim viveram, um ajudando o outro, e foram desencarnando, até que a comunidade acabou. A libertação dos escravos aconteceu e eles nem ficaram sabendo, desencarnaram desconhecendo esse fato. Mas foram todos socorridos e aceitaram a ajuda oferecida. Tiveram uma existência sofrida, de privações, mas nunca perderam a fé. Foi uma reencarnação de expiação, mas também provaram que eram capazes de sofrer sem se revoltar.

Acompanhei também a descida dos capturados, ocorrida em condições desumanas. Era difícil caminhar entre as pedras, a eles era dado pouco alimento, dormiam ao relento, e para esquentarem-se um abraçava o outro.

Até certo ponto os capitães andaram também, depois encontraram os cavalos, que deixaram num vale com um de seus homens vigiando. E os negros, cansados, tiveram de andar mais depressa.

Quando chegaram à cidade, estavam, além de tristes, abatidos, cansados e esfomeados. Foram para um galpão da igreja e lá lhes foi dado alimento, puderam tomar banho e colocar roupas novas e quentes.

Jussara não falou mais, tudo o que fazia era automático, obedecia a Tião.

— Coma, Jussara, está gostoso! Coloque esta roupa.

No outro dia, logo cedo, foram para o mercado, e Tião rogava a Deus que permitisse ficar perto de sua esposa.

Foram expostos no mercado. Se alguém reconhecesse entre eles um escravo fugitivo, poderia ficar com ele, mas teria de pagar uma taxa aos capitães do mato que haviam capturado os negros. Os outros seriam vendidos. Tião abraçou Jussara tentando protegê-la, orava com fé, orei também e fiquei atenta procurando ajudá-los. Queria que uma pessoa caridosa adquirisse os dois e cuidasse deles.

Uma senhora viúva, que logo percebi por sua vibração ser bondosa, olhava tudo com tristeza. Fui até ela e lhe pedi:

— *Por favor, senhora, compre aquele casal!*

Não me escutou, mas consegui que pensasse no assunto. Ela replicou, pensando:

"Não compro escravos, não preciso!"

— *Faça então uma boa ação!* — insisti.

Ela então fixou seu olhar no casalzinho, apiedou-se da mocinha. "Quase uma menina!", pensou. "Muito bonita, pálida, quieta, cabeça baixa, com o olhar distante, e o jovem que a abraça tem desespero e medo no olhar."

— *Eles sofrem, e a senhora pode ajudá-los, compre-os, por favor...* — implorei.

— Quanto quer por esse casal? — indagou a senhora para o mercador.

Ele pediu uma quantia alta, ela ia desistir, mas voltei a insistir:

— *Por favor, compre-os! E se eles fossem seus filhos? Iria querê-los bem e juntos. São filhos de alguém e eu lhe imploro: cuide deles! Insista com o mercador, ele deixará por menos.*

— Muito caro — disse a senhora. — Você, mercador, sabe bem que não irá vender fácil os escravos. Todos nós sabemos que logo serão libertos, nosso país ficará para sempre livre dessa praga da escravidão. E, se não vendê-los, seu prejuízo será grande, principalmente porque terá de alimentá-los bem, essa é a lei, e por aqui ela tem de ser cumprida. Ofereço metade do preço pelos dois, e trate de aceitar!

Ele resmungou, e eu o envolvi com meus fluidos e lhe implorei que aceitasse aquela oferta. Discutiram por alguns minutos; o mercador acabou por concordar e a senhora os comprou.

Tião chorou, ajoelhou e beijou a mão de sua nova sinhá, agradecendo-lhe por não separá-los.

— Obrigado! Deus lhe pague! Serei um bom escravo.

Foram levados para a casa da senhora e ela repartiu o serviço. Deu a eles um quarto nos fundos da casa, que era grande, arejado, com uma cama macia. E o serviço não era nem muito nem pesado. Tião suspirou aliviado. Mas a senhora logo percebeu que havia algo errado com Jussara. Ele lhe contou tudo o que lhes havia acontecido e terminou dizendo:

— Mas não se preocupe, sinhá, faço o meu serviço e o dela, quando Jussara não o fizer. Tenho a certeza de que ela ficará boa.

— Coitadinha — disse a senhora , apiedando-se —, tão novinha e já sofreu assim. Vamos cuidar dela.

E Jussara foi melhorando devagar. Tudo o que lhe ordenavam fazia, às vezes devagar, mas bem-feito.

— Tião — opinou a senhora —, se Jussara tiver outro filho irá sarar.

— Será, sinhá?

— Claro, ela se distrairá com outra criança! E não se preocupe, o filho de vocês nascerá livre e poderão criá-lo aqui. Gosto de crianças e posso ajudar vocês.

Jussara ficou grávida e de fato melhorou. Mas falava pouco, nunca sorria, e Tião cuidava dela com muito carinho.

Quase todos os membros do antigo quilombo estavam por perto. Naquela região os escravos eram bem tratados, e os da cidade saíam, faziam compras, se encontravam nas noites de sábado e conversavam. Os traumas foram sendo esquecidos, a vida continuou. Alguns achavam que ali era melhor que no quilombo, outros não, as opiniões eram diversas.

— Aqui não sou livre, mas me alimento bem, tenho roupa e meu sinhô nos dá pinga todos os sábados — contou um negro.

— Livres? E éramos no quilombo? Lá vivíamos com medo. Revolto-me quando penso na matança... — lamentou um jovem.

— Odeio os brancos — afirmou uma senhora. — Eles mataram meus dois filhos e o outro ficou lá, e não sei dele. Será que está vivo? Aqui sou bem tratada, me esforço para pensar que existem brancos bons, mas não me esqueço daqueles capitães do mato, nem que seja no inferno me vingarei deles. Não deveria existir diferença entre raças.

— Não se amargure assim — aconselhou outra senhora. — Também tive minha filha e três netos mortos. Choro por eles, tenho saudade, tento me conformar crendo que eles estão livres e felizes lá no Céu. Aqui somos bem tratados, eu estou junto de meu companheiro, seremos libertos logo.

— Eu — disse outro negro —, apesar das dificuldades, preferia o quilombo, lá não tinha ninguém para me dar ordens.

— Mas no quilombo trabalhávamos mais e passávamos frio! — lembrou a esposa dele.

— Isso é! Mas prefiro o quilombo — afirmou ele. — Tenho saudade dos que morreram e do tempo em que estávamos todos juntos.

Tião gostava da vida na cidade, a sinhá era bondosa, preocupava-se com Jussara, que continuava esquisita. Seu olhar triste impressionava quem a via.

Os meses se passaram e chegou o dia de o nenê nascer. O parto complicou, a sinhá mandou chamar duas parteiras para ajudar e elas tudo fizeram, mas Jussara veio a desencarnar juntamente com a criança. Tobi e eu pudemos socorrê-la.

Tião chorou desesperado, a sinhá sentiu, mas a vida continuou, e ele, tempo depois, casou-se novamente. E a libertação veio, foi uma enorme alegria para todos os escravos. Tião e a esposa, que era uma jovem boa, ficaram com a sinhá, que, já idosa, necessitava deles. Quase todos os escravos ficaram com seus sinhôs, que passaram a ser patrões.

Mas voltemos à desencarnação de Tobi e Dito. Eles foram levados para o hospital da colônia, onde acordaram refeitos. Ambos aceitaram a desencarnação. Dito deu mais trabalho, chorava inconformado pelo acontecido. Ele teve de fazer um longo tratamento e acabou por superar o trauma. Foram morar conosco e passamos a ser uma família feliz. Quando Jussara veio se unir a nós, nos desdobramos em cuidado e atenção, mas ela continuava triste, queixava-se.

— *Não consigo esquecer as cenas horríveis que vi, me esforço, mas não dá. Como seria bom esquecer...*

O orientador da colônia achou que reencarnar seria o melhor para ela.

— *A reencarnação é uma bênção. Jussara esquecerá o trauma pelo qual passou, recomeçará, terá um lar cristão e será amada.*

— *Minha filha terá outra mãe!* — queixou-se Tobi.

— *Por favor, Tobi, quantas mães você já teve? Quantas terá? O amor permanece!* — tentei orientá-la.

— *Tem razão!* — concordou Tobi. — *Devemos querer o melhor para ela.*

E Jussara reencarnou...

Não existe tempo marcado para ficar desencarnado, depende muito da necessidade de cada um, mas há um limite, que sempre varia, sobretudo para aqueles que têm uma razão forte para fazê-lo.

Jussara teve um choque muito grande ao ver o filhinho, o pai e a mãe assassinados de forma violenta na sua frente. E o esquecimento, um recomeço, era muito importante para ela. Bendita seja essa oportunidade! Bendita seja a reencarnação!

Com a volta de Jussara ao corpo físico, falamos muito sobre essa fabulosa oportunidade que nos é dada por Deus. Um dia, Tobi aproximou-se de mim e comentou:

— *Mamãe, não é bom saber o passado por curiosidade, mas pode ser um aprendizado recordar, para entendermos que não há injustiça. Tive minhas recordações de forma espontânea, para me certificar de que eram verdadeiras, procurei orientação do Departamento de Reencarnação. Não me abalei com elas, errei no passado, mas tenho a certeza de que não erro mais. Na encarnação anterior, fui uma sinhá muito religiosa, poderia ter sido mais caridosa, mas não fui. O padre que por anos servia nossa cidade dizia que negro não tinha alma, por isso não era errado tê-los. E os tive como se fossem animais, ainda bem que não usei maldade para com eles, mas não os tratei com benevolência como havia planejado. Era casada com um homem mais jovem que eu, vivemos bem até que envelheci e ele se apaixonou por outra, que não queria ser amante, mas a esposa. Quis ficar viúvo para casar com ela, mas eu tinha boa saúde e tudo indicava que não ia morrer tão cedo. Ele era religioso também, tanto quanto eu, conversava muito com esse sacerdote, os dois tinham instrução, meu esposo havia estudado em Portugal. E, para ficar com sua amante, ele me matou, me asfixiou com um cobertor. Todos pensaram que tive um ataque qualquer. Fiquei perturbada, vagando pelo meu antigo lar, vendo-o feliz casado com a outra. Chorava de tristeza, a morte do meu corpo me deixou angustiada, não fui para o Inferno nem para o Céu e não queria ficar ali vendo a felicidade deles. Um dia resolvi orar e pedir ajuda a Nossa Senhora e vi minha mãe, desencarnada havia tempo, ao meu lado. Ela me explicou o que havia acontecido e me levou para receber um socorro. Anos depois meu esposo desencarnou, me apiedei dele e fui ajudá-lo. Ele se espantou ao me ver e indagou: "Você tem alma?". Não é que ele me assassinou pensando que eu não tinha alma? Acatou as ideias do padre. Ele sofreu e, depois de ser socorrido, nos foi dada a oportunidade de reencarnarmos juntos. Meu ex-esposo foi Dito, que nessa existência me foi fiel, bom, muito me amou e desencarnou tentando me defender. Resgatamos nossos erros e, o mais importante: aprendemos muito. Tanto que quero ser negra novamente; não haverá mais escravidão, mas existirá ainda o preconceito, o racismo. Creio que ainda tenho muito que aprender e fazer. Quero me preparar para reencarnar e ser útil, ajudar a tantas vítimas do preconceito.*

— *E esse sacerdote?* — indaguei, sentindo certo temor.

— *Creio que aprendeu também. Esse espírito muito me ajudou, e agora eu o amo.*

Vi cenas do passado, a sinhá que Tobi foi e seu esposo. Chorei.

— *Tobi, perdoe-me...* — pedi.

— *Há tempo sei disso. Perdoo, nunca a julguei culpada e acho que não deve sentir tanta culpa. A senhora foi uma mãe maravilhosa e eu a amo muito, não esqueço o que fez por mim, não esquecemos. Dito a considera como mãe, ele também sabe disso, preferimos nos lembrar da senhora pelo bem que nos fez. Mamãe, não é fantástica a bondade de Deus nos permitindo expiar nossos erros e, mais, repará-los?*

— *Repará-los...* — balbuciei.

— *Sim, quero reencarnar e trabalhar pelos abandonados na Terra. Quero construir, fazer algo útil onde abusei por imprudência. Dito e eu planejamos estar juntos, tenho a certeza de que conseguiremos. Queremos ser servos úteis!*

Abraçamo-nos com carinho.

Somos livres no Plano Espiritual para escolher nosso vestuário. Depois disso, passei a me trajar como fazia quando era escrava, saia comprida e escura, blusa de manga longa de algodão cru e um lenço na cabeça.

— *Por que isso, mamãe?* — indagou Manu.

— *Para não esquecer, filho, que fui escrava, para não esquecer as lições que tive nessa encarnação.*

E passei a ser mais dedicada, lembrando que muito me foi perdoado e muito teria que amar. E tentava ver em cada necessitado um filho, porque creio que não existe amor maior que o paternal ou maternal. Talvez seja por isso que muitos chamam a divindade de pai ou mãe. E tudo o que almejamos e não deixamos para depois conseguimos realizar.

NA FAZENDA

Acompanhava com carinho os acontecimentos na fazenda. Jacinta, minha mãe adotiva, estava velha, ficou esclerosada, achava às vezes que era jovem, com os filhos crianças. Sua mente fazia com que nos visse como infantes e ao seu lado. Falava sozinha, andava com dificuldade, mas estava sempre sorrindo.

A senzala que havia muito tempo estava desativada lá ficou deteriorando. Sinhá Françoá mandou construir uma casa maior com vários quartos e nela acomodou os idosos da fazenda, principalmente os que não tinham companheiros. Eles viviam bem nessa casa, onde cozinhavam e um cuidava do outro. E vieram até outros idosos da região, e a bondosa sinhá os abrigou. Eram muitos, davam-se bem, mas eram quase todos doentes, com doenças da velhice. E minha Jacinta vivia ali, não dava trabalho, ajudava nos serviços da casa lavando os utensílios da cozinha. Mas, como os garotos da fazenda diziam, era caduca. Ela ia muito para a antiga senzala, se sentava num canto e lembrava-se de fatos ocorridos ali, tinha saudade de seus entes queridos que haviam partido, desencarnado. E orava muito. Embora a enfermidade lhe afetasse a memória, não se esqueceu das preces e as fazia sempre.

Estávamos sempre, seus dois filhos, seu companheiro, Anastácio, e eu, ao seu lado, e às vezes ela nos sentia, se alegrava e nos contava fatos e acontecimentos antigos.

Um dia Anastácio e eu ficamos conversando e ele me contou:

— Jacinta logo virá ter conosco, temos nossa casinha preparada para ela. Essa encarnação lhe foi de grande proveito. No Plano Espiritual, antes de reencarnar, querendo progredir, aprender a ser útil, ela achou que estava pronta para fazer sua oferta de gratidão aos pés do Criador como aquela pessoa da parábola do Evangelho. Foi então que se lembrou do passado distante em que contribuiu para que seu país tivesse escravos. Achou que deveria primeiro se reconciliar com seu próximo, com aqueles que mais prejudicara. Foi à nossa procura e nos encontrou, éramos três.

"Nessa ocasião nós nos preparávamos para ser escravos para expiar erros cometidos. Conversamos, não tínhamos nada para perdoá-la, já havíamos feito isso. Mas ela quis então nos ajudar. Lembro bem que eu disse a ela:

— Por que reencarnar escrava? Não deve se sentir em dívida para conosco.

E Jacinta argumentou:

— Engana-se, não me sinto em débito com ninguém a não ser comigo mesma. Tenho muito que aprender, mas não quero deixar de aproveitar a oportunidade de tentar ajudar, de estar junto nos momentos difíceis daqueles que prejudiquei. Depois, tenho a certeza de que muito aprenderei nesta encarnação. Porque é a vida que nos ensina, e a Terra é uma grande escola. E creio que é essa a oferta que devo fazer, de estar perto, ajudar nossos irmãos. Além disso, meu caro, sou ainda muito imperfeita, em encarnações passadas me suicidei porque temi a velhice, nesta planejo desencarnar bem idosa, doente, quero provar a mim mesma que aprendi a dar valor ao corpo físico, mesmo ele estando debilitado e fraco.

E como vemos, Cabocla, Jacinta conseguiu realizar o que planejou. Muito me ajudou e aos outros dois, que são nossos filhos. E somos muito gratos a essa mulher, a esse espírito."

— Se você sabe dela, deve também conhecer seu passado. O porquê de ter sido escravo — observei.

— Sei — contou ele. — *Só quero fazer uma ressalva: é que ter sido escravo não foi ruim para mim. Se entendemos que a encarnação nos é um precioso aprendizado, e fazendo o que nos compete, tudo ficará mais fácil. Ao negligenciar, não fazer a lição ou não realizá-la como deveríamos, deixamos de aprender, e esse aprendizado nos fará falta. Sempre me lembro de um ensinamento de meu genitor. Quando pequeno, meu pai nos chamou, meus cinco irmãos e eu, assim que viemos para essa fazenda e advertiu: — Filhos, aqui há um riacho de águas muito frias e, para atravessá-lo, precisamos passar por uma pinguela. (Hoje ela já não existe, fizeram uma ponte no lugar.) — Vocês* — continuou ele pacientemente Não — *têm de ser cautelosos e passar assim...*

"Ensinou-nos como deveríamos fazer para ir do outro lado, porque lá havia muitas árvores frutíferas e poderíamos comer frutas à vontade, era um lugar muito bonito. Não prestei atenção às explicações nem quis atravessar a ponte com meu pai para aprender. E não aprendi...

Numa tarde, a meninada se reuniu para ir ao tal campo. Passaram todos pela pinguela porque sabiam, eu fiquei para trás, inseguro, como se pudesse adiar a travessia. Mas achei que conseguiria, que seria capaz, fui atravessar e caí na água gelada. A garotada riu de ver o meu tombo. Tive de voltar, tremendo de frio. Meu pai, ao saber, tentou me orientar: — Você não quis aprender quando fui ensinar. Se não aproveitamos a oportunidade de aprender, sofremos as consequências da negligência ao precisarmos desse conhecimento. Você agora estaria com a meninada brincando e desfrutando saborosos frutos, mas em vez disso está aqui, triste, pensando no que perdeu, e ainda passou ridículo e frio. Foi castigo? Não, menino, ninguém o castigou. Isso aconteceu porque você não aprendeu...

Assim é a vida, Cabocla, uma maravilhosa escola em que podemos aprender a viver, e para ter felicidade basta ficar atento e não negligenciar. E fui feliz como escravo. Fui sim! Na fazenda vivi nos tempos bons, quando o sinhô Honorato veio para cá eu já havia desencarnado. Fui um menino alegre, sempre gostei de trabalhar, nunca invejei os que tinham ou julgavam ter vida melhor. Porque, filha, a inveja é uma das grandes causas que levam muitos a sofrer. Querer ser o que não podemos causa muita angústia. Fiz muitos amigos, fui um companheiro para o sinhô Floriano e nos dávamos bem. Sempre gostei de animais, cuidava deles com carinho, e me colocaram para trabalhar no trato dos cavalos da fazenda. Depois tive como companheira Jacinta. Tive saúde, e o que mais poderia pedir? Liberdade? Pois pode crer, Cabocla, que somos mais escravos de nós mesmos, dos desejos, dos vícios. E sempre me senti livre e feliz. Mas acho que não respondi a sua pergunta. Estou falando demais, filha?"

— Não, senhor, gosto de escutá-lo, continue, por favor — pedi.

— Achei que, como escravo, teria uma encarnação de expiação. Havia, na minha outra existência, trabalhado num mercado que vendia negros. Quando desencarnei, me arrependi muito, e o remorso doía demais. Resolvi ser negro e escravo para aprender a não colaborar de forma alguma com a repressão aos outros. Foi permitido e reencarnei. Mas, filha, não sofri, talvez porque aceitei o que a vida me ofereceu, e tratei de fazer as lições direitinho. E, quando precisei, soube resolver as dificuldades que tive. Fui bom filho, tive bons pais, fui amigo e tive amizades. Tentei ser ótimo esposo, e a vida me deu esse anjo da Jacinta por companheira, fui pai, e meus filhos são gratos e amorosos. Como escravo, fui trabalhador, e por isso recebi regalias. Não desejei nada e tive tudo de que necessitei. Foi uma encarnação proveitosa, em que dei largos passos no caminho do progresso.

Concordei com Anastácio. Realmente, sempre que me lembrava dele estava sorrindo, sendo gentil e tentando ajudar alguém. Ele achava todas as pessoas boas ou conseguia ver a parte boa de todos. Foi de fato bom pai, filho, amigo, mas teve afetos que não foram, como ele dizia, bons. Mas, para o esposo de Jacinta, ninguém lhe fez nada de mal, talvez porque ele não se ofendesse com nada. Ele aprendeu a amar, e nada mais certo do que os dizeres: "Aquele que ama não precisa perdoar, porque tudo compreende e não se ofende, nem pedir perdão, porque vive de tal forma que não prejudica ninguém".

Era sempre prazeroso conversar com Anastácio. Despedi-me dele com um carinhoso abraço.

Jacinta ficou acamada, após uma gripe forte teve pneumonia, soubemos que ia desencarnar e fomos até ela querendo ajudá-la, confortá-la. Éramos oito, familiares e amigos, e a rodeamos, transmitindo-lhe bons fluidos e equilíbrio. Minha mãe adotiva estava tranquila, parou de respirar, e seu desligamento foi rápido. Anastácio e seus filhos levaram-na para a colônia, para o lar que lhe haviam preparado fazia tanto tempo, e certamente agora a teriam como rainha da casa.

Seu corpo foi enterrado na fazenda. Todos sentiram seu desencarne, ali eram todos como uma grande família.

Jacinta recuperou-se rápido. Sendo sadia espiritualmente, o perispírito também o era, e as enfermidades terminam com a morte do corpo físico. Remoçou, sentia-se bem, queria trabalhar e agradar a todos. Eu ia todos os dias visitá-la para conversar.

— Jussara — queixou-se ela com carinho —, *preocupei-me tanto quando fugiu sem me dizer nada...*

— Desculpe-me, mas não quis correr o risco de prejudicá-la. Temi que, se desconfiassem, pudessem castigá-la. Mas nesse tempo todo fui visitá-la, não a esqueci.

E logo voltou à atividade.

— Como Deus é bom dando-nos serviço, trabalho. Temia que por aqui tivesse de descansar. Já chega o tempo em que fiquei sem fazer nada enquanto estive doente.

E, quando lhe foi possível, passou a trabalhar ajudando os encarnados. A preta velha, querida de todos que a conhecem...

Sinhô Narciso e sinhá Françoá já estavam velhos, viviam de forma simples, havia muito que nem roupas compravam. Tudo o que arrecadavam com a fazenda era para se manter, e tudo era repartido. Ele administrava os negócios, e ela, os moradores. Assim sinhá se referia aos negros que lá viviam: moradores e amigos. A casa que abrigava os velhinhos tinha tudo de que precisavam, e muitos idosos da região que não conseguiam mais trabalhar eram bem recebidos por Françoá. Alguns tinham sido enxotados, outros, sentindo-se abandonados, lá iam em busca de companhia e carinho. Todos lhe eram gratos e a amavam.

Sinhô Narciso tinha uma grande preocupação, de morrer primeiro que a esposa. Tinha receio de que seus parentes ocupassem a fazenda ou que descobrissem o segredo deles. Orava muito pedindo a Deus que a levasse antes dele. Os dois havia tempo viviam como irmãos, numa amizade carinhosa.

— Narciso — repetia a sinhazinha —, peço sempre perdão a Deus por ter errado tanto. Não é certo viver como vivemos. Deus fez o homem para a mulher e esta para o homem.

— Querida, errar é fazer mal às pessoas. Nós fazemos o bem!

No tempo que se passou esta história o preconceito era muito, e tudo que era diferente era pecado. Mas fazer maldades é que é realmente errado. Como o sentimento de gratidão age em nosso favor! A gratidão, quase tanto quanto o amor, faz a pessoa grata enviar ao benfeitor os mais puros fluidos, que envolvem tanto o grato como a pessoa que beneficiou, modificando ambos, fazendo o amor puro florescer e dar frutos.

E não eram somente os encarnados que eram gratos a eles, nós, os desencarnados, também, e estávamos atentos para auxiliá-los no que nos fosse possível. Reunimo-nos e fomos ao

Departamento de Auxílio pedir por eles, que, se fosse possível, realizassem os rogos de Narciso. Orávamos sempre pelos dois.

Sinhá Françoá adoeceu, ficou acamada e somente o sinhô e uma negra cuidavam dela. Assim mesmo, era ele que a banhava e lhe fazia a barba todos os dias. Ficou enferma quase dois meses. Numa manhã, ela desencarnou tranquila. Seu quarto se encheu de desencarnados amigos, eram muitos os ex-escravos que vieram lhe dar boas-vindas e levá-la para um socorro.

Sinhô Narciso chorou sentido, mas estava grato, Deus o havia atendido e não tinha mais nada para pedir.

Tudo na fazenda continuou como era, o sinhô ficou morando, agora sozinho, na casa-grande, mas não se sentia só, todos ali lhe devotavam amizade e carinho. Já pensando em sua morte e querendo deixar seus amigos protegidos, deu carta de alforria a todos aqueles que ainda não eram livres, porque já tinham sido outorgadas as leis que antecederam a Lei Áurea.

As leis que libertaram os escravos no Brasil foram: Lei Eusébio de Queiroz, promulgada em 1850, que oficialmente colocava fim ao tráfico de escravos da África para nossa pátria. Lei do Ventre Livre, de 1871, pela qual todos os negros nascidos em terras brasileiras seriam livres. Lei dos Sexagenários, de 1885, dando liberdade aos idosos negros com idade superior a sessenta anos.

Essas leis foram pouco obedecidas. O tráfico continuou enriquecendo os traficantes e deixando os escravos mais caros. Os nascidos livres continuavam nas senzalas, para ser alimentados e ter onde ficar, pois não tinham como sobreviver. Tinham de trabalhar e viviam como escravos. Depois de adultos quase sempre não tinham para onde ir e ficavam trabalhando para seus ex-senhores, sendo tratados como cativos, e pouquíssimos contratavam negros como empregados. A lei que libertava os idosos também pouco adiantou, raros negros ultrapassavam essa idade e, além disso, não tinham para onde ir nem coragem para deixar a família. Muitos continuavam trabalhando, foram poucos os donos que os aposentavam. Por isso somos gratos àqueles que foram sinhô Narciso e sinhá Françoá. Houve muitos abolicionistas, pessoas inconformadas com a escravidão, e também aqueles que queriam a libertação dos escravos por questões econômicas e políticas.

E, finalmente, a bendita Lei Áurea, assinada pela princesa Isabel em 13 de maio de 1888, libertou todos os escravos. Com a libertação teve início a imigração de brancos europeus, e os empregadores preferiram dar emprego aos imigrantes, deixando mais uma vez os negros desprotegidos, sem auxílio. E muitos saíram da senzala para lugares tão ruins quanto ou piores, passando privações e sofrendo com o racismo. Mas houve muitos que continuaram vivendo com seus ex-senhores como empregados.

Narciso fez um testamento deixando a fazenda para um sobrinho em quem confiava, que lhe havia prometido deixar a propriedade como era e que não mandaria os negros idosos embora.

Três anos após a sinhá Françoá ter desencarnado, Narciso amanheceu não se sentindo bem, mas mesmo assim foi a cavalo ver uma plantação, teve um mal-estar, caiu do animal, os negros que estavam com ele se assustaram, tentaram ajudá-lo, mas não sabiam o que fazer. Com cuidado o levaram de volta à casa-grande, mas no meio do caminho ele desencarnou. E foram muitos os espíritos que foram escravos que vieram socorrê-lo, juntamente com a sua mãe, e ele foi levado para a colônia.

Os negros da fazenda choraram a perda. O sinhô Narciso era um pai, alguém que cuidava deles. Choravam também por medo: que seria deles agora? Enterraram-no junto da sinhá.

O sobrinho que herdou a fazenda cumpriu o que prometera, deixou-a para os negros cuidarem, quase não ia lá, e ela, por falta de administração, foi se acabando, ficando em ruínas. Após a libertação de todos os escravos, os negros foram embora. Com a morte desse dono, sobrinho do sinhô Narciso, os filhos, herdeiros dele, a venderam, e depois ela foi reconstruída. A vida continua...

Françoá, no Plano Espiritual, sentiu-se envergonhada, e um orientador a ajudou a retornar à aparência de sua outra encarnação, em que era mulher, Georgette. Também passou por uma orientação específica que a equilibrou. Sentindo-se bem, passou a trabalhar, servindo com amor na colônia.

Sinhô Narciso também, ao desencarnar, foi para a colônia, e logo estava bem, ficou morando com sua mãe, queria estudar e, assim que lhe foi possível, seguiu para uma colônia de estudo.

Os dois não ficaram juntos, cada um morava em um lugar, numa casa, mas encontravam-se sempre e conversavam muito.

Um dia, ao visitar Françoá, ela me contou:

— *Antes de reencarnar, quis mudar de sexo, mas o fiz sem preparo, sem querer realmente, voltei ao Plano Físico num corpo masculino, mas me senti sempre feminina porque gosto de ser mulher. Na próxima reencarnação voltarei num corpo feminino, e Narciso será homem novamente. Nós dois temos muito o que aprender...*

— *Todos nós temos* — afirmei. — *Tudo dará certo, vocês* têm muitos amigos para ajudá-los.

— Sou grata a todos. Como é importante fazer amigos e conservá-los. Sempre há entre eles alguém que pode nos ajudar.

— A colheita não é só ruim — expliquei. — *Existe a boa. E como pode ser farta a reação de nossos bons atos! Recebemos ajuda conforme ajudamos.*

— Cabocla, tenho tentado entender os sentimentos do ser humano. O que leva tantos a agir como Narciso e eu. É certamente por diversos motivos. Muitos querem tanto reencarnar que não se importam em mudar de sexo, mas na matéria sentem-se diferentes sexualmente do corpo de que se revestem, não conseguem um acomodamento psicológico. Sentem-se mulheres no corpo de homens e vice-versa. Isso não ocorre quando um espírito consciente muda de sexo, principalmente se é para fazer alguma coisa importante, para ajudar alguém ou provar algo a si mesmo. O espírito não tem sexo, mas, quando desencarnamos, nos sentimos ainda femininos ou masculinos até ultrapassarmos esse sentimento — disse Françoá.

— É verdade — interrompi-a. — *Desencarnei há tempos e ainda me sinto mulher.*

— Certamente, se você quiser reencarnar no sexo masculino, terá de se preparar e se sentir apta para essa mudança.

— O que importa é fazer o bem independente do sexo, se masculino ou feminino! — exclamei.

Depois de um tempo, reencarnaram, Narciso e Françoá, numa mesma cidade, seus pais eram amigos. Ela, uma linda menina, ele, um forte garoto. Planejaram se encontrar, casar e ter filhos, como também trabalhar no campo da ciência, ajudar encarnados com problemas sexuais. Voltaram à matéria confiantes, principalmente porque muitos amigos do Plano Espiritual estariam atentos para ajudá-los no que fosse necessário e possível.

Como é prazeroso retornar ao Plano Espiritual com a tarefa realizada, sente-se uma felicidade indescritível. E essa vitória deveria ser mais comentada, porque os bons têm tudo para sobressair às maldades. Os exemplos edificantes devem ser mostrados para que orientem e eduquem outros, para que todos juntos caminhem rumo ao progresso, porque a Terra será morada dos mansos e pacíficos, como Jesus nos ensinou no Sermão da Montanha.

MEU PASSADO COM JOSÉ

Visitava sempre José, a paixão de minha adolescência, o único amor de minha vida. Ele, por toda a sua última existência encarnado, foi bondoso, líder, conselheiro, apaziguador, cuidou com extremo carinho de sua companheira, de sua esposa, que era ranzinza, geniosa e revoltada. Ela ficou doente, ele se desdobrou em cuidados e atenção. Ficou viúvo e não arrumou mais companheira. Viveu para ajudar os outros, foi pai dedicado e amoroso.

Quando o sinhô Narciso o aposentou, não querendo ficar à toa, passou a fazer remédios de ervas e a benzer. Aprendeu com uma escrava idosa que morava em outra fazenda. E passou a ser o Pai José, o pai de todos.

Era respeitado, amado e viveu muitos anos. Desencarnou tranquilamente enquanto estava sentado num banquinho na frente da antiga senzala. Ele gostava muito de ir até lá para orar e recordar o passado.

Foi recebido no Plano Espiritual com festa de boas-vindas.

Logo depois que recordei minha penúltima encarnação, lembrei-me também de muitas outras existências. E vim a saber o porquê de meu amor por José.

Estava encarnada em Portugal, era filha de um comerciante de uma cidade pequena. José morava perto, nossos pais eram amigos, ele me amava desde menino. Eu o tinha como amigo, estávamos sempre conversando. Mocinha, apaixonei-me perdidamente por Afonso, um moço bonito que estava sempre bem-vestido, que havia estudado, filho de um senhor que possuía uma vinha, mas ele nem me olhava. Confiava em José e contava a ele tudo o que acontecia comigo e lhe falei do meu amor, ele ficou triste. José era calmo, amigo e muito trabalhador, tinha uma pequena chácara e dela tirava o seu sustento. Ambos sabíamos que o amor que sentíamos era impossível, mas nenhum de nós dois perdia a esperança de conquistar a pessoa amada.

Havia um bosque muito bonito perto da cidade. Descobri que Afonso ia sempre lá a passeio ou para caçar. Fiz amizade com uma serviçal da casa dele e fiquei sabendo o horário em que ele ia ao bosque. Não era difícil eu sair de casa, principalmente à tarde, porque minha mãe ajudava meu pai e eu ficava sozinha.

Comecei a ir ao bosque escondida de todos, na esperança de encontrá-lo, insisti e acabei conseguindo. Puxei conversa, Afonso no início desconfiou, tudo fiz para agradar-lhe e começamos a nos encontrar em dias e horas marcados, sempre escondidos. Não tinha coragem de contar a ninguém, nem a José, em quem confiava. Sabia que estava agindo errado, às vezes me preocupava e temia as consequências, mas minha paixão me deixava cega. Como é ruim se deixar cegar por esse sentimento forte, tornar-se escrava dele. Sentia-me inquieta, não dormia direito, mas tudo fazia, me esforçava para parecer natural.

Já fazia dois meses que nos encontrávamos. Numa tarde bonita, criei coragem, confessei meu amor por ele e tornamo-nos amantes.

Mas minha felicidade durou pouco. Um dia, quando fazia compras no mercado, escutei a terrível notícia:

— Afonso, o filho do senhor da vinha, vai se casar.

Também tive a confirmação de que estava grávida. Desesperei-me. Fui à tarde ao encontro dele no bosque, ele não foi. Soube à noite pela empregada dele, minha amiga, que Afonso teve de partir, estava sendo obrigado pelo pai a se casar. Tinha viajado, iria passar uma temporada na casa da futura noiva até o casamento.

"Nem se despediu de mim, nem sabe que terá um filho...", eu pensei sentida.

Não sabia o que fazer. No dia seguinte, fui no horário de costume ao bosque. Lá fiquei pensando, queria achar uma solução, mas não sabia como resolver meu grave problema. Quando José aproximou-se de mim, me assustei. Depois entendi que ele sabia dos meus encontros. Apaixonados sempre sabem de seu amor.

Abracei-o, querendo proteção, ele me disse:

— Sei que Afonso foi embora. Casará com outra!

— Estou só e abandonada, não sei o que fazer — queixei-me.

Naquela época não era fácil ser mãe solteira. Meus pais eram muito conservadores e rígidos, sabia que não iam aceitar minha situação. Seria expulsa de casa, jogada na rua, como muitos diziam. O preconceito era grande, e uma mulher que se entregava a um homem sem ser casada era marcada por toda sua vida.

— Fique comigo! — pediu ele.

— Você me quer? — indaguei baixinho.

— Amo você — afirmou ele com sinceridade.

— Agradeço-lhe, José, estou grávida! Você é bom, eu lhe quero bem, admiro-o e não quero enganá-lo. Espero um filho de Afonso, não tive tempo de contar a ele, o pai o obrigou a partir e eu não sei o que fazer.

José abaixou a cabeça. Ficamos em silêncio uns minutos, depois ele me olhou e alertou:

— Sabe o que acontecerá com você? Será expulsa de casa, ninguém por aqui lhe dará abrigo. Você irá sofrer!

— Sei disso — respondi —, e estou com medo...

— Se quiser, caso com você e esse filho será meu.

Olhei para ele e o abracei novamente, aí chorei de soluçar.

— José, meu bom e maravilhoso José, você fará isso por mim? Vai me ajudar dessa maneira?

— Amo você! Não iria aguentar vê-la pelas ruas ou no meretrício. Se você sofre, sofro também. Ninguém precisa saber que o filho que espera é de Afonso. Será nosso! Todos na cidade sabem que eu a amo, não será surpresa se dissermos que resolvemos nos unir. E vamos casar logo, dentro de duas semanas, e sua gravidez não levantará suspeita. Para todos será meu filho e eu serei o pai dele, sendo seu, será nosso.

Não tinha como recusar e aceitei, agradecida. Ninguém estranhou a notícia, nossos pais ficaram contentes. Porém, minha mãe pediu para namorá-lo mais tempo.

— Talvez você não o ame o bastante — disse ela preocupada.

— Mamãe — respondi —, José sempre me amou, agora que tenho a certeza de amá-lo é melhor nos casarmos. Não se preocupe, seremos felizes.

Mãe quase sempre sente o que acontece de fato conosco, mas ela não insistiu. Os dias passaram rápido com os preparativos e, como havíamos combinado, duas semanas depois nos casamos numa cerimônia simples. Senti-me aliviada, e José estava felicíssimo. Fomos morar na casa que ele já fazia tempo havia preparado.

Agradecida a José, tudo fiz para ser uma boa esposa, e ele sempre foi carinhoso e atencioso. Vivíamos tranquilos, nasceu nosso primeiro filho e dissemos a todos o que havíamos combinado, que nasceu antes do tempo. Se alguém desconfiou, achou que foi um arroubo nosso e ninguém duvidou de que José era o pai. Tivemos mais dois filhos.

Mas por que sempre tem de haver um porém? O pai de Afonso desencarnou e ele voltou para organizar e receber a vinha de herança. Veio só, deixou a esposa em sua residência. Ao revê-lo meu coração disparou, ele me olhou insistentemente e vi carinho em seu olhar. Passou perto de minha casa dias seguidos.

Fiquei a pensar, ansiosa: "Será que ele ainda me quer? Será que eu o amo?"

Ele continuava muito bonito. Não quis pensar nas consequências, na gratidão que deveria ter por José, na vida tranquila e honesta que levava, pensava muito nele e, inconsequente, fui escondida ao bosque onde anos atrás nos encontrávamos.

Numa árvore, que falávamos que era nossa, encontrei um bilhete. Abri, aflita, era dele, pedia que fosse encontrá-lo. Tinha dia e hora marcados. O encontro era para o dia seguinte. Voltei para casa ofegante, louca de vontade de ir, mas com medo. Não queria magoar José, mas queria ver, conversar com Afonso. A paixão novamente me cegou.

Acabei indo e nos beijamos assim que nos encontramos. Tornamo-nos amantes. Combinamos novos encontros, dizia a mim mesma que não ia, mas acabava indo.

Mudei, fiquei nervosa, inquieta, gritava com as crianças. Para ninguém desconfiar, deixava meus filhos sozinhos, tentava enganá-los para sair. Às vezes os ameaçava para eles não dizerem ao pai que estava me ausentando de casa.

Descobri que estava grávida. Contei a Afonso e dele escutei:

— Por favor, não me cobre nada! Sou casado, tenho filhos e devo retornar ao meu lar assim que resolver meus negócios. Não voltarei mais aqui. Nunca largarei minha esposa por uma amante. Divertimo-nos apenas. Depois, você é casada, como sabe que o filho que espera é meu?

Levei um choque ao escutá-lo, percebi quanto agi levianamente e pensei, aflita: "Meu Deus, o que estou fazendo com minha vida?"

Magoada, decidi não vê-lo mais. Tínhamos um encontro para a tarde do dia seguinte, não fui. Resolvi cuidar de meu lar, ser novamente a esposa, a mãe que fora. Foi então que notei que José estava diferente, nervoso e quieto.

"Ele sabe!", pensei.

No outro dia, não se falava noutra coisa na cidade, Afonso, meu amante, foi encontrado morto. Acharam-no caído num atalho, local que ele percorria para ir ao meu encontro no bosque.

Comentavam que ele morrera ao cair do cavalo e bater a cabeça numa pedra. Não foi encontrado outro ferimento em seu corpo. Uns diziam que podia ter sido ferido por um golpe, mas ele não tinha inimigos e não o roubaram. E o caso foi dado como acidente, a esposa dele veio para o enterro, o pai dela vendeu a vinha e foram embora. O fato foi esquecido...

Não senti a morte dele, compreendi que não o amava, mas sim a José, meu esposo. Como também entendi que Afonso nunca gostou de mim e que sempre me considerou uma amante, uma fonte de prazer fácil. Sim, porque eu, apaixonada, sempre me comportei levianamente. E naquele momento estava mais preocupada comigo. Egoísta, me vi em apuros e tive medo das consequências do meu erro.

José estava calado, estranho, quase não me olhava, e quando o fazia era com raiva no olhar. Não tendo mais como esconder minha gravidez, contei a ele:

— De novo? Será possível que novamente terei de criar o rebento de outro?

— Que fala? — indaguei. — Este filho é nosso!

— É seu, você quer dizer!

Saiu, e naquela noite não voltou. Passou a vir pouco para casa, muitas vezes não vinha nem para dormir. Descobri que ele arrumara outra mulher e que dormia na casa dela. Tinha medo de conversar com ele, passamos a falar somente o necessário. Nesse clima nasceu o outro filho. Tive quatro meninos, todos lindos e sadios. No período de gravidez, não tinha certeza de quem era aquela criança. O primeiro, que era filho de Afonso, era muito parecido fisicamente comigo, mas o último, sim, era a cópia do meu amante, confirmando quem era o pai. Creio que isso magoou ainda mais meu esposo.

José e eu não nos separamos, ele nos sustentava, era bom pai, mas sempre agradou mais aos dois do meio. Evitava-me, passou a dormir em outro quarto e nunca mais me tocou. Arrependi-me amargamente do que fiz. Compreendi quanto que era feliz; fui imprudente e somente dei valor à felicidade quando a perdi. Tentei até reconquistá-lo, mas ele me repelia com raiva. Culpava-me. Sempre desconfiei que José matara Afonso, nunca comentei nada, temia-o. Nossos filhos cresceram, casaram e a amante de José desencarnou. Não arrumou outra, passou a ficar mais em casa, continuou evitando-me. Fiquei doente. Com câncer no pulmão, as noras vinham cuidar de mim, ele não deixou me faltar nada, mas nem entrava no meu quarto. Um dia o chamei para conversar:

— José, me perdoe! — pedi.

Ele abaixou a cabeça e, após um prolongado silêncio, respondeu:

— Não posso, não agora, talvez no futuro...

Desencarnei e ele foi morar com um dos nossos filhos, que ele tinha a certeza de ser dele, e tempo depois também ficou doente e desencarnou.

Foi após desencarnar que descobri a verdade. José desconfiou de que eu estava me encontrando com Afonso e foi nos surpreender, como eu não havia ido, ele encontrou apenas o meu amante. Os dois discutiram, Afonso o ofendeu e lhe apontou uma arma, lutaram, e meu esposo o atingiu na cabeça com um pedaço de pau. Desesperou-se ao vê-lo morto, colocou-o em seu cavalo, foi puxando o animal até o local de pedras e derrubou-o. Voltou rápido para a cidade e aguardou os acontecimentos. E ficou para todos parecendo que Afonso morrera na queda do cavalo.

José, porém, não teve sossego, arrependeu-se muito de matar uma pessoa mesmo que em legítima defesa. Realmente não queria ter assassinado ninguém. Fora ao bosque para nos surpreender, embora em seu íntimo achasse que eu não seria capaz de traí-lo, não depois do que ele me havia feito. Para meu esposo eu era a culpada, muito mais errada que Afonso, e me desprezou profundamente. Poderia ter falado a todos o que aconteceu, um marido traído não ia para a prisão quando matava. Se quisesse poderia até ter me assassinado também, mas preferiu ficar calado, a ninguém falou desse triste acontecimento, nem do acidente, nem da minha traição. Isso pelos nossos filhos, porque naquele tempo não era fácil ter uma mãe adúltera, ficariam marcados, e também se apiedou de mim novamente, porque sabia que seria desprezada por todos. José, já naquela época, não era capaz de fazer maldades. Compreendi tarde demais a pessoa maravilhosa que era, um amigo em quem sempre poderia confiar.

Sofremos muito ao desencarnar. Depois de algum tempo fomos socorridos e um orientador promoveu nosso encontro, conversamos e novamente lhe pedi perdão:

— *Perdoe-me! José, eu o amo!*

— *Perdoo* — respondeu simplesmente.

— *Quero reparar meu erro junto de você.*

— *Não precisa* — determinou ele. — *Desculpe-me, mas não quero estar junto de você. Não precisa me reparar nada. Viva sua vida e aprenda a dar valor aos sentimentos verdadeiros. Quero que seja feliz, mas longe de mim.*

Separamo-nos, mas a vida sempre reúne aqueles que têm necessidade de se reconciliar ou provar que de fato podem viver fraternalmente. E nos reencontramos na senzala.

Depois de alguns meses que o escravo José desencarnou, fui visitá-lo. Recebeu-me com alegria:

— *Cabocla, que bom revê-la! Como está você? O que aconteceu quando fugiu da fazenda? Nunca soubemos o que realmente se passou.*

Contei a ele nossa fuga e o que fiz nesse tempo em que estava no Plano Espiritual.

— *Você foi corajosa!* — exclamou ele.

— *José...*

Contei a ele todo nosso passado, escutou-me silencioso, não me interrompeu nem uma vez. Finalizei:

— *José, encarnada eu sempre o amei...*

— *Cabocla, sempre fui seu amigo e quero continuar sendo. Percebi seu amor por mim, mas estava casado, tinha uma companheira e por nenhum motivo iria deixá-la ou traí-la. Depois, não a amei como mulher, sempre a quis como irmã. Por favor, não se sinta devedora para comigo. O que passou, passou, e já resgatamos nossos erros. Já havia recordado essa encarnação, como também já reparei meu erro junto àquele que assassinei. Na minha penúltima existência Afonso foi meu filho e tornamo-nos grandes amigos. E Zefa, minha esposa nesta encarnação, foi, naquela época, filha dele, e, por ter ficado órfã, teve uma vida difícil, em que cometeu muitos erros. Ela ficou sem pai porque eu mesmo, sem querer, a deixei sem genitor. Ao ficar viúva, a mãe dela casou-se novamente. Garotinha, foi assediada pelo padrasto, na adolescência foi estuprada e ameaçada para ficar calada. Um dia a mãe os pegou juntos, o padrasto se defendeu dizendo que ela é que se oferecera. A mãe preferiu acreditar no esposo, e a menina foi colocada para fora de casa. Tornou-se prostituta, desejou vingar-se, viciou-se no álcool, fez muitos abortos, foi infeliz, desencarnou e sofreu muito. Cabia a mim ajudá-la nesta encarnação, em que teria de passar pela escravidão para aprender a trabalhar e a ser mais dócil. Agora Zefa está reencarnada, é novamente filha de Afonso, branca e livre. Sofri muito de remorso por ter sido a causa da desencarnação de Afonso, foi para me defender, mas cometi um erro e quis reparar até com aqueles que indiretamente, como Zefa, prejudiquei com meu ato insensato. Sou profundamente grato pela oportunidade de me redimir.*

— *Tudo pela minha leviandade...* — queixei-me.

— *Não deve mais pensar nisso, e sim no que irá fazer agora, no presente. Já a julguei culpada, mas agora não, porque foi mais fácil para mim, naquela época, colocar a culpa nos outros. Não pense mais no passado, todos a perdoaram.*

José me olhou com carinho. Após um intervalo, continuou com seu modo tranquilo a me elucidar:

— *Fui pai de muitos de coração, de todos da senzala, da fazenda, dos que precisavam do meu auxílio. Pai José... E quero continuar sendo. Você, Cabocla, é como se fosse minha filha.*

Estendeu a mão, apertei-a com força, ele sorriu e eu lhe agradeci emocionada:

— *Obrigada!*

— *Até um dia, menina!* — despediu-se ele sorrindo.

Compreendi os sentimentos dele, José não me queria mais como quis no passado, agora me amava como filha e cabia a mim amá-lo como pai. Ele foi estudar e trabalhar ajudando encarnados, tornou-se o Pai José, amado por muitos. É um espírito que aprendeu a amar a todos como filhos...

Ele foi muitas vezes branco, na última encarnação vestiu um corpo físico negro e permaneceu assim. Poderia mudar, mas preferiu continuar com a aparência da última, em que foi escravo, porque isso lhe parecia importante. Sabe das inúmeras dificuldades em que a escravidão deixou muitos espíritos, quer auxiliar aqueles que continuam escravos do rancor, do ódio e do desejo de vingança, porque é o objetivo de todos os que tentam ajudar e se tornar livres, e ajudar os irmãos a serem.

Amor. Há muitas formas de amar ou uma só? Creio que esse sentimento é confundido, às vezes, com interesse, paixão ou entusiasmo passageiro. O amor real é puro, desinteressado, sem egoísmo. Podemos amar muitas pessoas exercitando o aprendizado de amar a todos como a nós mesmos. Sempre tive interesse em conhecer mais um pouco sobre esse sentimento que é capaz de anular erros e nos impulsionar na caminhada rumo à felicidade. E tenho estado atenta para aprender a amar.

Assim que pude, aqui no Plano Espiritual, quis saber de meus pais. Será que amaram realmente um ao outro? Meu pai morreu por amor? Encarnada, pensava muito neles, senti muito a orfandade. Um orientador me esclareceu:

— Seu pai, Cabocla, não desejou desencarnar por amor a sua mãe. Ele sentiu muito o desenlace dela, esposa querida, mas foi para ter mais dinheiro que aceitou fazer um trabalho perigoso. Ele queria ir embora da fazenda, ia residir numa cidade e levar você para viver mais confortavelmente. Não pensou em morrer. Hoje os dois estão encarnados, são novamente casados, colonos de uma grande fazenda e têm muitos filhos.

Fui visitá-los. Estranho. Sim, estranhei, vi pessoas que nada tinham a ver comigo. Depois compreendi que fui filha deles mas não estivemos juntos. Viviam bem. Fiz uma prece desejando a todos daquele lar humilde paz e alegria. Abracei-os. Retornei à colônia alegre por ter visitado meus pais, que agora eram pais de outros. Todos nós somos realmente irmãos!

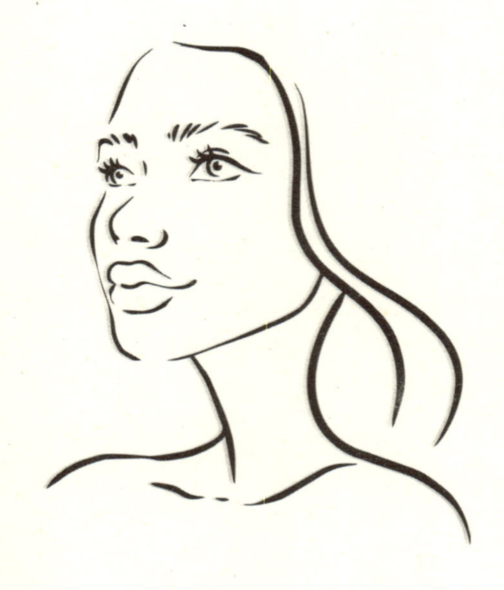

TRABALHO DE RECONCILIAÇÃO

Não se falava noutra coisa na colônia espiritual em que morávamos. Espíritos que residiam em planos superiores estavam fazendo palestras por todas as colônias do Brasil, da Terra e até em alguns postos de socorro maiores. Na nossa colônia os palestrantes iam nos brindar com sua presença. Campo da Paz é um recanto encantador, um enorme parque ou jardim, como alguns preferem chamar. É uma área arborizada, e no centro há um local gramado onde seria realizada a palestra, no qual podem se acomodar inúmeros convidados. E tudo foi planejado para que quase todos os moradores da colônia fossem assistir, como também os trabalhadores dos postos de auxílio pertencentes a nossa cidade espiritual. O evento seria gravado para ficar à disposição de todos, principalmente dos que, por motivo de trabalho, não poderiam comparecer.

Como é gostoso preparar algo para um acontecimento que nos é importante! Todos queriam de alguma forma colaborar. Depois de tudo arrumado, lá fomos nós, ansiosos e alegres, para ouvir a tão esperada palestra.

A hora esperada chegou, os convidados, muito simples, foram à frente, num tablado, para que todos os presentes pudessem vê-los. Eram um senhor e uma senhora, ambos simpáticos e risonhos. Primeiramente falou a senhora, apresentando-se; disse-nos que na sua última encarnação na Terra chamou-se Yurge. Não sei se é assim que se escreve, mas é como se pronuncia. E o senhor disse chamar-se Pedro. Agradáveis, falaram de modo que todos ali entendessem. Quando cheguei em casa, escrevi o que eles disseram, mas com minhas palavras, como havia entendido, e é assim que agora escrevo o que esses dois amigos nos orientaram. Disseram:

— A crueldade acarreta grande dano, talvez mais que os outros erros, por ser algo feito contra o amor. A crueldade intencional, aquela feita com intenção de prejudicar, que causa mal a um ser vivo, é a ação que mais deixa marcas em quem a pratica. Fica no perispírito uma nódoa escura, fétida, que necessita de tempo, muita purificação para tirar de si essa mancha grudenta. Às vezes é com muitas lágrimas de dor que a lavará ou muito trabalho edificante, para que a gratidão de outros ajude a soltar essa "pasta". Há também a crueldade por costume, superstição, por acharmos que todos fazem. Embora mais branda, causa muito mal a quem a recebe e a quem a faz.

"No nosso querido planeta que temos por lar, comete-se muita maldade. Várias vezes, em nome de Deus, de religiões, por problemas políticos e sociais, irmãos são mortos com crueldade, são torturados. Todos aqueles que querem progredir, trabalhar para o bem, certamente têm plena consciência de não fazer mal a ninguém, nem aos animais nem a nenhum ser vivo. Como também têm de alertar os outros para que não o façam e, sempre que possível, impedir que se pratique uma maldade. Devemos não só refrear o mal como também ser ativos no bem. As consequências da crueldade são inúmeras, a vítima pode recebê-la de muitos modos, se não perdoar gera obsessões que fazem um espírito parar no tempo, no caminho.

Em guerras, lutas, praticam-se muitas crueldades. Por motivos políticos fazem-se atrocidades que julgamos que não seriam possíveis de ser praticadas. Religiosos esquecem que Deus é pai de todos e que, se Ele não se importa pelas muitas formas que se usam para adorá-lo, por que importaria a nós, seus filhos?

Na nossa pátria, o Brasil, houve escravidão por motivos sociais, econômicos, por costume, porque era permitido por lei. Mas não há desculpas! E como houve abusos nesse período! E muitos sofrem por ter cometido atrocidades, e as consequências sofridas deixaram marcas, como também sofrem os que não perdoaram, todos necessitam se equilibrar nas leis divinas.

Aqui estamos para convidar todos a contribuir de alguma forma na recuperação de espíritos envolvidos em tramas que ocorreram na época da escravidão."

A motivação oferecida por esses amigos é grande, porque somente se vive bem se o maior número de pessoas também o fizer. Quanto maior o desequilíbrio, maior a desarmonia que atinge a todos.

E foram convocados os que haviam participado diretamente, de alguma forma, da escravidão, e os que se sentiam aptos a trabalhar nessa tarefa.

A maior parte deveria reencarnar, porque é na matéria que somos agraciados com o esquecimento, que se tem a grande oportunidade de recomeçar.

Reunimo-nos muitas vezes na colônia para fazer planos, acertar detalhes. Meu grupo familiar correspondia bem à expectativa, havíamos sido escravos, perdoado e estávamos ansiosos para ajudar outras pessoas.

Muitos em nossa pátria aceitaram a tarefa, o trabalho de reconciliação, como foi chamada essa tentativa de fazer irmãos se perdoarem, tornarem-se amigos. E, com tudo planejado, os que aceitaram a incumbência foram reencarnando. Meus entes queridos também voltaram ao Plano Físico numa mesma região, somente eu fiquei e cabia a mim motivá-los, ajudá-los e tentar encaminhá-los ao Espiritismo para que a tarefa deles fosse facilitada, pois teriam mais compreensão da vida por meio dessa Doutrina fraterna que nos ensina a praticar a caridade em sua forma mais verdadeira. E como esse entendimento nos ajuda!

Estariam juntos de ex-senhores, ex-feitores e ex-escravos para que, com ajuda e compreensão, se tornassem amigos, afetos, companheiros de jornada.

Claro, tiveram e ainda têm dificuldades, mas estão se saindo bem. Consegui que todos fossem para o Espiritismo e passei a trabalhar com eles, sendo a Cabocla, que eles amam sem saber do vínculo do passado.

Para um dar força ao outro, são parentes, amigos. Tobi e Dito se uniram novamente, e entre eles estão os necessitados de equilíbrio, e vejo com alegria que estão conseguindo, embora tenham problemas, porque estes precisam mais de atenção e cuidados.

Aqueles que tentam ou estão cumprindo essa tarefa provam a si mesmos que são capazes e, se saírem vitoriosos, sentirão alegrias indescritíveis e estarão aptos a outros trabalhos, porque os que foram fiéis nas pequenas causas serão incumbidos das grandes. E aqueles que se reconciliarem se sentirão felizes e voltarão a caminhar rumo ao progresso e à felicidade, pois param no caminho os que não o fazem. E aqueles que não se reconciliaram perderam mais uma oportunidade e sofrerão, uma vez que, ao continuar tendo inimigos e a estar na mesma faixa vibratória deles, a vida novamente os aproximará até que se harmonizem. E perder oportunidade é bem triste!

E eu, no Plano Espiritual, acompanhei-os, tornei-me a companheira de trabalho, a amiga que tenta sempre dar uma palavra de consolo não somente a eles mas a todos os que vêm a nossa Casa Espírita.

Passei a me vestir como fazia no tempo de escrava. Saia longa, blusa de algodão cru, um lenço na cabeça. Um dia, um orientador da colônia veio nos visitar, conversou com todos, motivando-nos e esclarecendo-nos sobre diversas dúvidas. Conversou em particular com muitos de nós, gentilmente aproximou-se de mim.

— *Por quê, Cabocla, você se veste assim? Não seria melhor trajar-se como seus companheiros? A roupa é algo externo que não deve fazer diferença a nós. Se não tem motivos e gosta, tudo bem, mas, se for para não esquecer o passado, deve entender o porquê. Não devemos mostrar o que temos por dentro com algo exterior. Vemos no Plano Espiritual muita diversidade nas vestes, não damos importância ao traje, a moda aqui não tem prioridade. A beleza sem abuso alegra, encanta. Quero que se sinta à vontade, Cabocla, vista-se como quiser, se realmente gosta desse traje, use-o, mas, se tiver algum motivo, quem sabe resolveremos juntos essa questão, que talvez esteja pendente aí dentro, no seu íntimo.*

Olhou-me sorrindo. Pensei um instante. O orientador tinha razão, ele era sem dúvida grande conhecedor da alma humana. Não me vestia assim porque gostava. Será que não era para parecer diferente? Mostrar aos outros que eu, Cabocla, fora escrava, que estivera cativa quando encarnada? Será que esse fato me fazia sentir importante? Ou era porque vestida assim queria parecer humilde? Ou, indo mais longe, para recordar que já fora escravocrata, que nada era, que nada fui? Meus olhos se encheram de água. Esse bondoso orientador me abraçou.

— Minha amiga, você não precisa de nada exterior para lembrar algo que aprendeu. Conhecimentos, guardamos no nosso íntimo. A humildade do ser não é externa. Pode-se ser profundamente humilde e vestir-se bem, com gosto, ser elegante, parecer agradável aos outros, não se confundir com aquele que abusa ou que tem orgulho da aparência. E vemos muitos que se vestem de maneira simples e nada têm de humilde. É certo você dar importância a essa existência em que foi escrava, em que reparou e aprendeu muito, mas basta você saber. Você é importante como somos todos nós. Não se julgue melhor nem pior. Esse sentimento é normal em nós, que almejamos progredir, às vezes nos achamos melhores, outras piores. Esses sentimentos devem ser repelidos. Se nos julgarmos melhores, o orgulho pode ofuscar muitas outras virtudes e nos

levar a fazer incorretamente nossas tarefas. Se nos acharmos os piores, esse pensamento poderá causar desmotivação, que é um freio que nos impede de realizar o que podemos e devemos fazer. Você é um reflexo do que faz, do que realiza. Cabocla, admiro-a, você é um espírito interessado em aprender e progredir. Por que você não lembra que é uma serva, uma colaboradora do trabalho do bem, uma batalhadora?

Compreendi que não são os trajes que nos fazem mudar o que somos. Tinha até motivos para me vestir daquele jeito, superei-os e passei a me trajar como a equipe, como meus companheiros de trabalho faziam, e me senti bem melhor. Porque, ao me analisar, entendi que usava aquelas roupas porque queria ser vista como escrava, porque tinha orgulho de ter sido uma. E esse aprendizado somente passou a ser meu mesmo quando superei esse orgulho. E como isso me fez bem! Depois disso, fui ver José, estávamos sempre nos visitando, tornamo-nos amigos. Ele nem prestou atenção na mudança das minhas vestes. Creio que meu amigo nunca deu importância a isso. Observei-o, ele se vestia de forma simples, mas para ele não fazia diferença. Ter sido escravo, para José, foi mais uma experiência. A simplicidade de suas roupas refletia o que ele tinha dentro de si, ele superou todo o orgulho. Para ele o importante era o que realmente sentia e não necessitava mostrar isso a ninguém.

Talvez eu me vista novamente com minha saia longa e blusa de algodão cru, mas o farei por gostar, será diferente. O orientador, sabendo o que acontecia comigo, me fez compreender que, enquanto eu queria mostrar que era humilde, não o era de fato, e tento aprender a sê-lo.

Anos se passaram. Amei trabalhar com os encarnados, é aprendendo a conhecer o ser humano que conhecemos a nós mesmos, como também é ajudando os outros que encontramos soluções para nossos problemas.

Estávamos sempre recebendo visitas de orientadores que procuravam nos esclarecer para que pudéssemos ajudar melhor. E foi nessas palestras que aprendi muito, porque não basta querer ajudar, é preciso saber ser útil. E um desses amigos estava sempre frisando a necessidade de ensinar todos a serem autossuficientes, porque quem sabe resolver seus problemas sabe também solucionar os dos outros. Um dia, em uma de suas visitas, nos disse bondosamente:

— *Aqui estamos aprendendo a ser úteis. Não devemos fazer o que cabe a outro. Cada pessoa deve fazer por si. Trabalhar ajudando outros não é ser serviçal sem vontade. Há pessoas que gostam de ser servidas e, quando encontram alguém disposto a fazê-lo, abusam, e todo uso indevido é prejudicial. E, se você permitir o abuso, está colaborando para que o outro aja errado. Alimentar em alguém a ociosidade, o preconceito e o orgulho não é certo. Alimentamos a ociosidade quando fazemos para uma pessoa o que ela poderia fazer por si mesma, e também o preconceito e o orgulho quando atendemos alguém fora do Centro Espírita, sendo que essa pessoa poderia ir até lá. É mais fácil para muitos receber atendimento em seus lares, estabelecimentos comerciais, temem ser vistos ou que a sociedade saiba que vão a lugares ditos espirituais para receber auxílio. Quem tem vergonha de pedir, creio que não é digno de receber. Você pode alegar que muitos que agem assim o fazem por ignorância. Essa é uma boa oportunidade de mostrar a eles o que é uma reunião espírita.*

"A ajuda espiritual é valiosa e não devemos torná-la banal. Quem é ajudado necessita aprender, e esse conhecimento é a mais preciosa ajuda, mas na maioria das vezes o necessitado não a quer, porque é mais fácil receber do que fazer.

Quando aqui vêm pessoas necessitadas, desorientadas, podemos compará-las a sedentos. Muitas não sabem como encontrar água. Nosso trabalho é dar-lhes de beber, orientá-las e ensiná-las a pegar água no pote, depois a buscá-la na fonte. Esse é o verdadeiro auxílio. Se fizermos a lição que cabe ao outro, iremos privá-lo de aprender."

— *Orientador* — queixou-se um companheiro —, *tenho notado que muitos, após receber ajuda, não voltam mais e até evitam encontrar com os encarnados que trabalham aqui.*

— *Sei disso, todos nós sabemos. E alguns somente lembrarão de voltar quando estiverem novamente necessitados. Pelo menos aprenderam, ao retornar, que aqui há água, ajuda. Mas volto a insistir na necessidade de instruir os pedintes que leiam livros espíritas, escutem as palestras, vivenciem mais os ensinamentos de Jesus, aprendam a vibrar melhor para entrar em sintonia com energias benéficas. E, amigos, não deixem que outros menosprezem seu trabalho, devemos dar muito valor ao auxílio prestado, ao trabalho que realizamos junto aos encarnados e ensinar todos a fazê-lo também. A primeira lição que devemos dar ao auxiliado é que valorize o trabalho alheio, porque todos nós temos de passar de servido a servidor.*

E assim estou trabalhando entre encarnados, sem esquecer meu objetivo, que é tentar reconciliar irmãos que tiveram desavenças na época da escravidão, apagar marcas deixadas nos que abusaram, nos que agiram com crueldade e naqueles que não souberam perdoar. Espero que logo a escravidão fique somente na história de nossa pátria e que as chagas profundas que esse período deixou sejam cicatrizadas e não fiquem marcas em ninguém. Que todos nós sejamos livres dos vícios, dos prazeres prejudiciais e dos desejos. Livres para caminharmos para a felicidade que somente os libertos conseguem ter.

Paz e alegria!

CONFORTO PARA A ALMA

Psicografia de
VERA LÚCIA MARINZECK DE CARVALHO
De ANTÔNIO CARLOS e ESPÍRITOS DIVERSOS

Romance | 15,5 x 22,5 cm
288 páginas

"Todos nós passamos por períodos difíceis, alguns realmente sofridos. O que ocorreu? Como superar essa situação? Normalmente há o conforto. Neste livro, são relatadas diversas situações em que alguém, sofrendo, procura ajuda e são confortados. São relatos interessantes, e talvez você, ao lê-lo, se identifique com algum deles. Se não, o importante é saber que o conforto existe, que é somente procurar, pedir, para recebê-lo. E basta nos fazermos receptivos para sermos sempre reconfortados, isto ocorre pela Misericórdia do Pai Maior. Que livro consolador! Sua leitura nos leva a nos envolver com histórias que emocionam e surpreendem. E como são esclarecedoras as explicações de Antônio Carlos! "

boanova@boanova.net
www.boanova.net | 17 3531.4444

LEMBRANÇAS QUE O TEMPO NÃO APAGA

VERA LÚCIA MARINZECK
DE CARVALHO
Ditado pelo Espírito ANTÔNIO CARLOS

Romance | 15,5x22,5 cm | 256 páginas

"Esta é a história de cinco espíritos que, após terem uma reencarnação com muitas dificuldades, quiseram saber o porquê. Puderam se lembrar, porque tudo o que acontece em nossas existências é gravado na memória espiritual, e a memória é um instrumento que Deus nos concedeu para que tivéssemos consciência de nossa existência. O tempo acumula as lembranças, que são o registro da memória dos acontecimentos que se sucedem. E esses registros são muito úteis para cada um de nós, pois nos confortam e ensinam. Acompanhando esses cinco amigos, conhecemos algumas de suas trajetórias encarnados: seus erros e acertos, alegrias e tristezas. Em certo ponto, eles reencarnam com planos de reparar erros com o bem realizado e de aprender para agilizar a caminhada rumo ao progresso. Será que conseguiram? Você terá de ler para saber. E agradecerá no final pelos conhecimentos adquiridos e pelas interessantes histórias!"

boanova@boanova.net
www.boanova.net | 17 3531.4444

MORRI! E AGORA?

VERA LÚCIA MARINZECK DE CARVALHO

Ditado pelo Espírito Antônio Carlos e Espíritos Diversos

Romance | 15,5 x 22,5 cm | 192 páginas

"Morri! E agora? Para o leitor entender o que ocorre depois da morte do corpo, o Espírito Antônio Carlos reuniu vários depoimentos, aos quais acrescentou indispensáveis explicações. São histórias verídicas, que a vida escreveu: Nelson sente uma dor terrível. Ouve a esposa aflita chamar a ambulância. Mais tarde, acorda num quarto estranho, onde nota a ausência de equipamentos hospitalares... Zé Pedro, um modesto trabalhador do campo, é assassinado e abandonado na mata. Sem entender o que está acontecendo, assiste ao próprio enterro... Sônia, uma enfermeira, é atropelada. No hospital, desesperada, recusa-se a aceitar a morte do corpo físico... Artista famosa e exibida descobre que não pertence mais ao mundo dos vivos. Chamando o filhinho desencarnado, sente o delicado contato de mãos infantis... Durante uma briga entre marginais, Janu perde a vida. Ainda revoltado com a morte, descobre que foi socorrido por um bando de espíritos perversos... Que essa leitura possa dar a você segurança e traquilidade a resposta do: e, agora? Muita paz!"

boanova@boanova.net
www.boanova.net | 17 3531.4444

VIOLETAS DE PATRÍCIA

VERA LÚCIA MARINZECK
DE CARVALHO

Ditado pelo Espírito PATRÍCIA

Mensagens | 10 x 15 cm | 160 páginas

"Para você – De Patrícia

Este livro é pequeno somente no tamanho, mas grande no conteúdo. É uma coletânea de frases dos quatro livros escritos pela Patrícia: Violetas na janela, Vivendo no mundo dos espíritos, A casa do escritor e O voo da gaivota. Verdadeiras pérolas literárias que enfeitam e perfumam nossa vida, além de alegrar nossa alma. Que gostoso lê-las! De fato, é um presente para nós."

boanova@boanova.net
www.boanova.net | 17 3531.4444

CONHEÇA O
INSTITUTO BENEFICENTE
BOA NOVA
SOCIEDADE ESPÍRITA BOA NOVA
Fundada em 1980, é hoje uma referência no estudo do espiritismo. Aqui, oradores e expositores de todo o Brasil realizam seminários, eventos, workshops e cursos. Além disso, toda semana são realizadas reuniões públicas.
CRECHE BOA NOVA
Criada em 1986, a Creche Boa Nova atende mais de 130 crianças entre 4 meses e 5 anos e 11 meses de idade.
BERÇÁRIO ESTRELA DE BELÉM
Mais de 40 crianças de 4 meses a 1 ano e 11 meses são atendidas no berçário mantido pelo Instituto Boa Nova.
CAMPANHAS SOLIDÁRIAS
O projeto Boa Semente atende mais de 50 famílias carentes da cidade, entregando cestas básicas e marmitas.
DISTRIBUIDORA E EDITORA
Líder no segmento espírita, a distribuidora disponibiliza mais de 7 mil títulos, e a editora Boa Nova tem os seguintes selos editoriais:
boanova
NOVA VISÃO
editora otimismo
BUTTERFLY
EDICEL

Levamos o livro espírita cada vez mais longe!

Av. Porto Ferreira, 1031 | Parque Iracema
CEP 15809-020 | Catanduva-SP

www.**petit**.com.br
www.**boanova**.net

petit@petit.com.br
boanova@boanova.net

17 3531.4444

17 99777.7413

Siga-nos em nossas redes sociais.

@boanovaed

boanovaeditora

CURTA, COMENTE, COMPARTILHE E SALVE.

utilize #boanovaeditora

Acesse nossa loja

Fale pelo whatsapp